Florian Schmieg

Verwaltungsrecht 2

COPYRIGHT: Richter-Verlag
Hans-Peter Richter
Paul-Schroeder-Straße 18
24229 Dänischenhagen
Tel. 04349-1725
Fax 04349-571
e-mail: RICHTER-VERLAG@t-online.de
Website: www.Richter-Verlag.de

Druck und Verarbeitung: Sowa Druck, Polen
Umschlaggestaltung, Druckvorbereitung: Schmidt & Klaunig; Stamp Media, Kiel

Weitere Bücher dieser Reihe sind erhältlich über den Buchhandel oder direkt vom Verlag.

8. Auflage 2020

ISBN 978 3-935150-12-5

INHALTSÜBERSICHT

1. Kapitel
Die Verpflichtungsklage

I. Die Zulässigkeitsvoraussetzungen der Verpflichtungsklage

1) Die Klageart

a) Begehren eines VA

Die Verpflichtungsklage nach § 42 I VwGO ist statthafte Klageart, wenn der Kläger den Erlass eines abgelehnten oder unterlassenen VA begehrt.

Im Gegensatz zur Anfechtungsklage begehrt der Kläger bei der Verpflichtungsklage nicht die Aufhebung einer staatlichen Maßnahme, sondern im Gegenteil, er begehrt die Vornahme einer solchen Maßnahme. Der Kläger möchte eine Verwaltungsmaßnahme gerichtlich erzwingen. Dabei ist die Verpflichtungsklage nur dann statthaft, wenn es sich bei der begehrten Verwaltungsmaßnahme um den **Erlass eines VA** handelt. Folglich ist auch hier (wie bei der Anfechtungsklage) im Rahmen der Prüfung der statthaften Klageart zunächst zu klären, ob es sich bei der (begehrten) Maßnahme um einen VA handelt.

Bsp.: *A möchte sein Grundstück bebauen und benötigt hierzu eine Baugenehmigung;*

B möchte eine ihm zustehende Subvention erhalten und benötigt hierfür einen Bewilligungsbescheid;

C möchte eine Gaststätte betreiben und benötigt hierzu eine gaststättenrechtliche Erlaubnis.

Zu beachten ist, dass der begehrte VA regelmäßig zunächst beantragt worden sein muss, vgl. § 68 II VwGO. Ob es sich bei diesem **Antragserfordernis** um eine eigenständige Zulässigkeitsvoraussetzung handelt, oder ob beim Fehlen eines entsprechenden Antrages das Rechtsschutzbedürfnis fehlt, spielt keine Rolle.

Bsp.: *Bevor A auf Erteilung der Baugenehmigung klagen kann, muss er diese beantragt haben. Auch B und C müssen zunächst entsprechende Anträge stellen, um so die jeweils geforderten VA zu erhalten. Erst wenn der gestellte Antrag abgelehnt oder wenn auf den Antrag nicht reagiert wird, ist gerichtlicher Rechtsschutz zulässig.*

Hinweis

In der **Klausur** ist zunächst zu klären, was für eine konkrete Verwaltungsmaßnahme begehrt wird. Sodann ist zu klären, ob es sich bei dieser Maßnahme objektiv um einen VA iSv § 35 VwVfG handelt, vgl. hierzu VerwR 1, 3. Kapitel I.1a.

Hinweis

Die Verpflichtungsklage und die Anfechtungsklage sind gesetzlich gemeinsam geregelt, so dass die speziellen Zulässigkeitsvoraussetzungen der Verpflichtungsklage (Klagebefugnis, Vorverfahren und Klagefrist) denen der Anfechtungsklage weitgehend entsprechen. Das gilt natürlich erst recht für die im Skript VerwR 1 bei der Anfechtungsklage behandelten allgemeinen Zulässigkeitsvoraussetzungen, die für alle Klagearten gelten.

Die Kenntnis des im Skript VerwR 1 behandelten Stoffes wird vorausgesetzt.

Weiter ist erforderlich, dass sich der *Anspruch auf den begehrten VA* noch **nicht erledigt** hat.

Erledigung liegt dabei insbesondere dann vor, wenn

- sich der VA, wenn er erlassen worden wäre, *inzwischen erledigt hätte*,
- der Erlass des VA *inzwischen sinnlos geworden ist* oder wenn
- der VA inzwischen *nicht mehr erlassen werden dürfte*.

In diesen Fällen kann der Kläger nur noch die **Feststellung** begehren, dass der VA hätte erlassen werden müssen, also dass der Nichterlass des VA rechtswidrig gewesen ist. Statthafte **Klageart** ist dann die **Fortsetzungsfeststellungsklage** analog § 113 I S. 4 VwGO, vgl. hierzu das 2. Kapitel.

Hinweis

Bei der Anfechtungsklage geht es an dieser Stelle um die Frage der Erledigung *des VA selbst*, bei der Verpflichtungsklage dagegen geht es um die Erledigung *des Anspruches* auf den begehrten VA.

b) Abgrenzungsprobleme

Abgrenzung zur allgemeinen Leistungsklage

Begehrt der Kläger die **Vornahme** einer staatlichen Maßnahme, kommt neben der Verpflichtungsklage (als *besondere* Leistungsklage) die *allgemeine* Leistungsklage in Betracht, vgl. dazu das 3. Kapitel. Für die Abgrenzung dieser beiden Klagearten (und damit auch für die Frage, welche weiteren Zulässigkeitsvoraussetzungen vorliegen müssen) ist entscheidend, *ob es sich bei der begehrten Verwaltungsmaßnahme um einen VA handelt* oder um ein schlichtes Verwaltungshandeln.

Hinweis

> Dabei geht es regelmäßig um die Frage, ob die begehrte Verwaltungsmaßnahme eine Regelung darstellt oder nicht,
> vgl. hierzu VerwR 1, 3. Kapitel I.1a.

Geht es beim Klagebegehren um **Geldleistungen**, die der Kläger von der Verwaltung fordert, ist entscheidend, ob es um den Erlass eines Festsetzungsbescheides geht (der regelt, ob ein Anspruch auf Zahlung besteht) oder ob dieser schon erlassen wurde und es nur noch darum geht, dass der (damit schon zugesprochene) Geldbetrag ausbezahlt wird. Im ersten Fall geht es um den Erlass eines VA, so dass die Verpflichtungsklage statthaft ist; im zweiten Fall geht es um einen Realakt (die Auszahlung), so dass die allgemeine Leistungsklage statthaft ist.

Folgenbeseitigungsansprüche werden idR mit der allgemeinen Leistungsklage geltend gemacht, da hier regelmäßig ein Realakt (nämlich die Beseitigung der Folgen als schlichtes Verwaltungshandeln) verlangt wird. Etwas anderes gilt jedoch dann, wenn die Behörde zur Beseitigung der Folgen gegenüber einem Dritten einen VA erlassen muss. In diesem Fall ist die Folgenbeseitigungsklage auf den Erlass eines VA (zu Lasten eines Dritten) gerichtet, auch wenn es dem Kläger eigentlich nur um die tatsächliche Beseitigung der Folgen geht. Deshalb ist in diesem Fall ausnahmsweise die Verpflichtungsklage statthaft, vgl. hierzu 3. Kapitel I 1b.

Abgrenzung zur Anfechtungsklage

Für gewöhnlich ist die Frage, ob die Anfechtungs- oder die Verpflichtungsklage statthaft ist, leicht zu beantworten. Entweder der Kläger wehrt sich gegen einen erlassenen VA oder aber er möchte den Erlass eines VA erzwingen. Problematisch kann die Abgrenzung aber bei der sog. **Konkurrentenklage** werden.

Exkurs: Drittbeteiligungsfälle

Bei den sog. **Drittbeteiligungsfällen** wehrt sich nicht der Adressat, sondern ein Dritter gegen einen VA, weil er sich durch den VA, der den Adressaten begünstigt, belastet fühlt (= VA mit Doppelwirkung). Regelmäßig handelt es sich dabei um die Nachbarklage im Bau- und Immissionsschutzrecht, bzw. das Vorgehen eines Nachbarn gegen eine sonstige Genehmigung (z. B. einer gaststättenrechtlichen Erlaubnis) sowie um die Fälle der wirtschaftlichen und beamtenrechtlichen Konkurrentenklage.

Bei der **Nachbarklage** wendet sich der Dritte mit der Anfechtungsklage gegen die Genehmigung eines ihn beeinträchtigenden Vorhabens des Adressaten (Bauvorhaben oder technische Anlage).

Bei der **negativen Konkurrentenklage** wendet sich der Dritte gegen die Begünstigung (zB Zulassung oder Subvention) eines Konkurrenten.

(Die positive Konkurrentenklage, bei der der Kläger idR durch eine Verpflichtungsklage die gleiche Begünstigung verlangt, die dem Konkurrenten gewährt wurde, gehört nicht zu den Drittbeteiligungsfällen).

Bei der (negativen) gewerberechtlichen Konkurrentenklage wehrt sich der Kläger gegen die Zulassung eines neuen Konkurrenten (hier fehlt es regelmäßig an der Klagebefugnis, da Art. 12 GG nicht vor Konkurrenz schützt).

Bei der (negativen) subventionsrechtlichen Konkurrentenklage wehrt sich der Kläger gegen die Subvention eines Konkurrenten. Das kommt dann in Betracht, wenn eine Klage auf die gleiche Subvention (positive Konkurrentenklage) aussichtslos ist.

Bei den **Konkurrentenklagen** kommt es dann zu Abgrenzungsschwierigkeiten, wenn der Kläger eine Rechtsposition erstrebt, die nur in begrenzter Zahl vorhanden ist und bereits einem Konkurrenten zugeteilt worden ist.

Bsp.: *Die Stelle eines Schulleiters, für die sich A und B beworben haben, wurde an A vergeben. B hält dies für rechtswidrig und möchte dagegen vorgehen.*

Der Antrag des Schaustellers C auf Gewährung eines Standplatzes auf einem Volksfest wird mit der Begründung abgelehnt, alle vorhandenen Standplätze seien schon vergeben.

Bei diesen sog. **Mitbewerberfällen** nutzt dem Mitbewerber die bloße Anfechtung der Drittbegünstigung alleine nichts, denn er begehrt ja seine eigene Begünstigung. Die Verpflichtungsklage scheint ihm aber auch nicht zu helfen, da sich diese unmittelbar nur gegen die Versagung und nicht gegen die Drittbegünstigung wendet und die begehrte Leistung nur dann möglich ist, wenn die Drittbegünstigung aufgehoben wird.

Nahe liegend wäre es, hier sowohl Anfechtungs- als auch Verpflichtungsklage zu erheben. Da es aber oft mehrere begünstigte Bewerber gibt und es dem Mitbewerber nicht zuzumuten ist, gegen alle Anfechtungsklage zu erheben, ist in der Regel die Einreichung einer Verpflichtungsklage, die auf erneute Verbescheidung gerichtet ist, ausreichend.

Speziell bei der **beamtenrechtlichen Konkurrentenklage** ist aber zu beachten, dass es gegen die bereits vollzogene Ernennung eines Konkurrenten keine Rechtsmittel gibt. Eine Verpflichtungsklage scheitert am fehlenden Rechtsschutzbedürfnis, da kein Beförderungsposten mehr frei ist. Eine Anfechtungsklage gegen die Ernennung wird als unzulässig erachtet, da die Ernennung kein VA mit Drittwirkung sei. Schließlich scheitert auch die Fortsetzungsfeststellungsklage mangels Rehabilitationsinteresses und mangels Wiederholungsgefahr. Der Betroffene muss deshalb schon vor der Ernennung des Konkurrenten einen Antrag auf einstweiligen Rechtsschutz stellen.

Bei **VA mit Nebenbestimmungen** ist zu klären, ob eine isolierte Anfechtung der belastenden Nebenbestimmung möglich ist oder ob eine Verpflichtungsklage auf Erlass eines neuen VA ohne die belastende Nebenbestimmung erforderlich ist, vgl. hierzu VerwR 1, 3. Kapitel III 1.

Eine Verpflichtungsklage kommt auch dann in Betracht, wenn die **Aufhebung eines bestandskräftigen VA** begehrt wird. Nach Ablauf der Widerspruchs- oder Klagefrist ist eine Anfechtungsklage unzulässig, vgl. dazu VerwR 1, 3. Kapitel I. Unter Umständen besteht dann aber die Möglichkeit, die Verwaltung zur Aufhebung des bestandskräftigen VA zu verpflichten. Begründet ist eine solche Klage allerdings nur, wenn eine Änderung der Sach- oder Rechtslage zu einem Rechtswidrigwerden (der Aufrechterhaltung) des VA führt oder neue Beweismittel vorliegen und deshalb ausnahmsweise ein Anspruch auf Aufhebung des bestandskräftigen VA besteht, vgl. § 51 VwVfG.

Eine **isolierte Anfechtung des Versagungsbescheides** ist grundsätzlich unzulässig. Begehrt der Kläger den Erlass des VA, ist die Verpflichtungsklage die speziellere Klageart. Für eine auf die Aufhebung des (die erstrebte Begünstigung nicht oder nicht in vollem Umfang entsprechenden) Versagungsbescheids gerichtete (isolierte) Anfechtungsklage besteht idR kein Rechtsschutzbedürfnis.
Ausnahmsweise ist ein Rechtsschutzbedürfnis zu bejahen und damit eine isolierte Anfechtung möglich, wenn der Kläger zwischenzeitlich das Interesse am begehrten VA verloren hat, aber für die Zukunft die Möglichkeit der Neuerteilung erhalten will. Durch die isolierte Anfechtung des Versagungsbescheids verhindert der Kläger, dass sich die Behörde im Falle eines späteren erneuten Antrages auf die frühere bestandskräftig gewordene Ablehnung berufen kann. Die isolierte Anfechtung darf nicht mit der zulässigen sog. Bescheidungsklage verwechselt werden, bei der der Kläger die Aufhebung des Versagungsbescheids in Verbindung mit der Verpflichtung zur Neuentscheidung begehrt, vgl. unter II 3 b.

2) Die Klagebefugnis

Gemäß § 42 II VwGO ist die Verpflichtungsklage nur dann zulässig,

wenn der Kläger geltend macht, durch die Ablehnung des beantragten VA oder durch das Unterlassen der Entscheidung in seinen Rechten verletzt zu sein.

Hinweis ➡

Ist die Verpflichtungsklage auf die Verurteilung zum Erlass eines VA gerichtet (in der **Klausur** ist das regelmäßig der Fall, vgl. unten), darf nicht auf die Adressatentheorie zurückgegriffen werden. Denn es wird hier gerade nicht der Ablehnungsbescheid selbst angegriffen, sondern es wird der Erlass eines VA begehrt. Bei der Verpflichtungsklage muß also immer geprüft werden, ob die Möglichkeit besteht, dass der Kläger durch die Ablehnung oder das Unterlassen des beantragten VA in einem subjektiven Recht verletzt sein könnte. Das ist immer dann der Fall, wenn ein subjektives Recht auf Erlass des begehrten VA bestehen könnte (= Möglichkeitstheorie),

Vgl. hierzu VerwR 1, 3. Kapitel I 2.

Nach der sog. **Möglichkeitstheorie** ist die Klagebefugnis dann gegeben, wenn zumindest die *Möglichkeit* besteht, dass der Kläger in einem subjektiven Recht verletzt wird.

Die Ablehnung oder das Unterlassen des beantragten VA kann dann zur Verletzung eines subjektiven Rechtes des Betroffenen führen, wenn *möglicherweise ein Anspruch auf Erlass des begehrten VA besteht*.

Ein solcher Anspruch kann sich insbesondere aus einer Rechtsnorm ergeben, die dem Betroffenen ein subjektives Recht (auf Erlass des begehrten VA) einräumt.

Hinweis ➡

In der **Klausur** muss also zunächst eine Rechtsnorm gefunden werden, aus der sich ein Anspruch auf Erlass des begehrten VA ergeben könnte.

Es ist daher zunächst zu klären, welche Rechtsnorm als Anspruchsgrundlage für den begehrten VA in Betracht kommt. Sodann ist zu klären, ob die jeweils in Betracht kommende Rechtsnorm ein subjektives Recht beinhaltet, welches durch die Ablehnung oder das Unterlassen des begehrten VA verletzt sein könnte und ob der Kläger zum durch die Norm geschützten Personenkreis gehört,

vgl. dazu VerwR 1, 3. Kapitel I 2.

Unproblematisch ist dies bei allen Normen, die die Verwaltung bei Vorliegen bestimmter Voraussetzungen *zum Erlass des begehrten VA verpflichten.*

Bsp.: *A will eine genehmigungsbedürftige Anlage iSv § 4 BImSchG errichten. Gemäß § 4 BImSchG darf er diese nur mit Genehmigung betreiben. Ein Anspruch auf Genehmigung (und damit ein subjektives Recht) könnte sich hier aus § 6 BImSchG ergeben, der regelt, wann eine solche erforderliche Genehmigung erteilt werden muss. Ob die Voraussetzungen nach § 6 BImschG vorliegen und damit tatsächlich ein Anspruch auf Erlass des begehrten VA (die Genehmigung) besteht, ist dann eine Frage der Begründetheit.*

Problematischer sind Normen, die der Verwaltung **Ermessen** einräumen. Diese gewähren nämlich nur dann ausnahmsweise einen *Anspruch auf Erlass des begehrten VA, wenn sich das Ermessen der Behörde auf Null reduziert hat.*

Das ist dann der Fall, wenn der Erlass des VA die einzig richtige Entscheidung ist, vgl. hierzu unter II 3d.

Im Rahmen der Prüfung der Klagebefugnis ist aber die Möglichkeit, dass eine solche Ermessensreduzierung vorliegt, regelmäßig nicht auszuschließen. Allein schon deshalb kann idR auch bei Ermessensnormen die Klagebefugnis bejaht werden.

Will die konkrete Rechtsnorm neben Allgemeininteressen gerade auch Belange einzelner Personen (Privatinteressen) schützen, beinhaltet die Ermessensnorm auch ein subjektives Recht auf *fehlerfreie Ermessensentscheidung.* Die Klagebefugnis ergibt sich dann auch aus der möglichen Verletzung dieses *subjektiven Rechts auf fehlerfreie Ermessensentscheidung.*

Auch bei den sog. **Drittbeteiligungsfällen** (vgl. Exkurs unter I 1b) ist die Frage, ob die in Betracht kommende Rechtsnorm ein subjektives Recht des Klägers beinhaltet, oft schwierig zu beantworten. Das ist dann der Fall, wenn die Rechtsnorm *drittschützend* ist und der Kläger *zu dem geschützten Personenkreis gehört.*

Hier muss neben einer am Sinn und Zweck der Norm orientierten Auslegung oft auf Rechtssprechung und Literatur zurückgegriffen werden.
So benötigt der klagende Nachbar bei der Nachbarklage eine Rechtsnorm, die

nachbarschützenden Charakter hat (und damit ein subjektives Recht beinhaltet). Außerdem muss er zum geschützten Personenkreis zählen.

Bsp.: *Die Vorschriften über die Baugebiete iSd BNVO oder der nötigen Abstandsflächen zum Nachbarn haben nachbarschützende Wirkung, die Vorschriften in einem Bebauungsplan über freizuhaltende Flächen oder der Gestaltung von nicht überbauten Flächen haben keinen nachbarschützenden Charakter.*

Exkurs: Geschützter Personenkreis bei der Nachbarklage

Nachbarn iSd. Baurechts sind nur die Eigentümer benachbarter Grundstücke und andere dinglich Berechtigte, nicht aber die Mieter. Bei Klagen gegen Straßenplanungen und im Immissionsschutz- und Atomrecht ist dagegen jeder klagebefugt, der in einer engen räumlichen Beziehung zum Genehmigungsgegenstand steht und deshalb von den Auswirkungen betroffen sein kann.

Außer aus Rechtsnormen kann sich das subjektive Recht auch aus öffentlich-rechtlichen Verträgen, Zusicherungen und Satzungen ergeben. Gibt es keine einfachgesetzliche Rechtsnorm, aus der sich ein Anspruch des Klägers auf Erlass des begehrten VA ergeben könnte, kommen auch die Grundrechte in Betracht. Hier ist jedoch äußerste Vorsicht geboten, da die *Grundrechte grundsätzlich Abwehrrechte sind* und als solche keinen Anspruch gegen die Verwaltung begründen können.

Aus den Grundrechten können sich ausnahmsweise aber auch Schutzpflichten und damit u.U. auch direkt Ansprüche auf eine bestimmte Leistung oder Handlung ergeben.

Ein Rückgriff auf **Grundrechte als Anspruchsgrundlage** für die begehrte Leistung/Handlung kommt insbesondere in den Fällen der sog. Kontrollerlaubnis (vgl. unter II 3e) in Betracht. Da im Rahmen der Kontrollerlaubnis ein grundsätzlicher und grundrechtlich garantierter Anspruch auf Erlaubnis besteht und das Verbot nur präventiv zur Überprüfung des materiellen Rechts dient, kommt bei Nichterteilung eine Grundrechtsverletzung in Betracht. In diesen Fällen besteht allerdings idR auch eine einfachgesetzliche Anspruchsnorm.

Hinweis ➡

Wurde festgestellt, dass die in Betracht kommende Rechtsnorm ein subjektives Recht beinhaltet, darf nicht vergessen werden zu prüfen, ob der Kläger überhaupt zu dem von der Rechtsnorm geschützten Personenkreis gehört, vgl. VerwR 1, 3. Kapitel I 2.

Zusammenfassend ist festzuhalten:

Die Klagebefugnis ergibt sich regelmäßig aus der möglichen Verletzung einer Rechtsnorm.

Bei der Verpflichtungsklage kommt die Verletzung dieser Rechtsnorm durch die Ablehnung oder das Unterlassen des begehrten VA in Betracht.

Die in Frage kommende Rechtsnorm muss also die Behörde zum Erlass eines VA verpflichten oder zumindest berechtigen und ein subjektives öffentliches Recht des Betroffenen beinhalten.

3) Das Widerspruchsverfahren

Nach § 68 II VwGO ist die Durchführung eines ordnungsgemäßen Widerspruchsverfahrens Voraussetzung für die Zulässigkeit einer Verpflichtungsklage, *sofern der Antrag auf Vornahme des begehrten VA abgelehnt worden ist.*

Exkurs: Versagungsgegenklage und Untätigkeitsklage

Bei der Verpflichtungsklage unterscheidet man je nach dem vorangegangenen Verhalten der Behörde zwischen der **Versagungsgegenklage** und der **Untätigkeitsklage**.

Um eine Verpflichtungsklage in Form der **Versagungsgegenklage** nach § 42 I 2. HS, 1. Alt. VwGO handelt es sich dann, wenn die Klage auf den Erlass eines (nach erfolgtem Antrag) **abgelehnten VA** gerichtet ist.

Zu beachten ist hier insbesondere, dass nicht der Versagungsbescheid selbst Gegenstand der Klage ist. Im Gegensatz zur Anfechtungsklage, wo der belastende VA direkt angegriffen wird, ist bei der Versagungsgegenklage die Beseitigung des Versagungs-VA nur Nebenfolge. Die Klage ist auf Erlass des beantragten VA gerichtet (und ist deshalb dann begründet, wenn ein Anspruch auf Erlass des VA besteht und zwar unabhängig davon, ob die Versagung rechtswidrig war oder nicht!).

Um eine Verpflichtungsklage in Form der **Untätigkeitsklage** nach § 42 I 2. HS, 2. Alt. VwGO handelt es sich dann, wenn die Klage auf den Erlass eines (nach erfolgtem Antrag) **unterlassenen VA** gerichtet ist.

Die Behörde ist hier trotz Antrag untätig geblieben, d. h. sie hat über den Antrag nicht entschieden. Zu beachten ist § 75 VwGO, der für diesen Fall besondere Zulässigkeitsvoraussetzungen regelt (wie z.B. dass kein Vorverfahren erforderlich ist).

Bei der **Untätigkeitsklage** ist *ein Vorverfahren also nicht erforderlich*, vgl. § 75 S.1 VwGO. Bleibt die Behörde nach erfolgtem Antrag untätig, erlässt sie also keinen Ablehnungsbescheid, ist ja auch "nichts da", wogegen Widerspruch eingelegt werden könnte.

Bei der **Versagungsgegenklage** gilt in Bezug auf die Erforderlichkeit oder ausnahmsweise Entbehrlichkeit eines Vorverfahrens § 68 I VwGO, vgl. § 68 II VwGO, vgl. hierzu VerwR 1, 3. Kapitel I 3.

4) Die Klagefrist

Bei der Verpflichtungsklage in Form der **Versagungsgegenklage** muss nach § 74 I, II VwGO *innerhalb eines Monats nach ordnungsgemäßer Zustellung des Widerspruchsbescheides* Klage erhoben werden. Ist ein Widerspruchsverfahren nach § 68 I S. 2, II VwGO nicht erforderlich, beginnt die Klagefrist mit der Bekanntgabe des Ablehnungsbescheides.

Bei der **Untätigkeitsklage** dagegen beginnt *keine Klagefrist* zu laufen, sie kann deshalb grundsätzlich ohne zeitliche Befristung erfolgen. In Betracht kommt hier aber nach zu langer Zeit (in der Regel über ein Jahr) die Verneinung des allgemeinen Rechtsschutzbedürfnisses wegen Verwirkung des Anspruchs.

5) Weitere Zulässigkeitsvoraussetzungen

Bzgl. der sonstigen Zulässigkeitsvoraussetzungen (Zuständigkeit des angerufenen Gerichts, ordnungsgemäße Klageerhebung, Beteiligten- und Prozessfähigkeit, Klagegegner, fehlende anderweitige Rechtskraft oder Rechtshängigkeit und allgemeines Rechtsschutzbedürfnis): Vgl. VerwR 1, 3. Kapitel I 5.

Fall 1:

Greenpeace e.V. (G) möchte um die Gebäude des Deutschen Bundestages (und damit innerhalb des befriedeten Bezirks nach § 1 BefBezG) an einem bestimmten Tag in den Parlamentsferien eine Demonstration durchführen. Anlass ist der Besuch eines ausländischen Ministers, dessen Land von G für mehrere schwere Umweltverstöße verantwortlich gemacht wird. Was muss G tun?

Lösungsvorschlag

Bei der Demonstration handelt es sich um eine öffentliche Versammlung unter freiem Himmel. Grundsätzlich sind Demonstrationen nach § 14 VersG lediglich anzumelden, eine Genehmigung ist gerade nicht erforderlich. Allerdings möchte G hier innerhalb des befriedeten Bezirks des Bundestages demonstrieren. Innerhalb dieses Bereichs sind Demonstrationen nach § 16 I VersG, § 2 BefBezG grundsätzlich verboten.

Nach § 3 Abs. 1 BefBezG sind Demonstrationen innerhalb der befriedeten Bezirke zuzulassen, wenn eine Beeinträchtigung der Tätigkeit der geschützten Organe nicht zu befürchten ist und eine Behinderung des Zugangs zu den Gebäuden nicht zu besorgen ist. Gemäß § 3 Abs. 2 BefBezG entscheidet das Bundesministerium des Innern über die Zulassung. Die Zulassung stellt einen VA dar.

G muss deshalb zunächst den Erlass einer solchen Zulassung beantragen.

Fall 2:

G beantragt die für die beabsichtigte Demonstration nach § 3 Abs. 1 BefBezG erforderliche Zulassung. Der Antrag wurde aus prinzipiellen Gründen abgelehnt.
Wäre eine Klage auf Erlass einer solchen Zulassung zulässig?

Lösungsvorschlag

1. Eröffnung des Verwaltungsrechtsweges

Der Verwaltungsrechtsweg ist gemäß § 40 I VwGO eröffnet, wenn es sich um eine öffentlich-rechtliche Streitigkeit nichtverfassungsrechtlicher Art handelt und für die Streitigkeit keine abdrängende Sonderzuweisung eingreift.

Eine *öffentlich-rechtliche Streitigkeit* liegt dann vor, wenn die streitentscheidenden Normen dem öffentlichen Recht zuzuordnen sind.

G möchte hier innerhalb eines befriedeten Bezirks demonstrieren (§ 1, 2 BefBezG). Streitentscheidende Normen sind deshalb § 16 VersG iVm §§ 1 ff BefBezG. Diese Vorschriften sind als öffentliches Sonderrecht dem öffentlichen Recht zuzuordnen.

Es handelt sich somit um eine öffentlich-rechtliche Streitigkeit. Diese ist auch nichtverfassungsrechtlicher Art und eine Sonderzuweisung ist nicht ersichtlich.

Der Verwaltungsrechtsweg gemäß § 40 I VwGO ist eröffnet.

2. Statthafte Klageart
G begehrt hier den Erlass einer Zulassung der Demonstration. Bei diesem handelt es sich um einen VA iSv. § 35 VwVfG, so dass hier die Verpflichtungsklage nach § 42 I 2.Alt. VwGO statthaft ist.

3. Klagebefugnis
Gemäß § 42 II VwGO ist die Verpflichtungsklage nur dann zulässig, wenn der Kläger geltend macht, durch die Ablehnung in einem subjektiven Recht verletzt zu sein.

G ist damit dann klagebefugt, wenn möglicherweise ein Anspruch auf Erlass einer solchen Ausnahmegenehmigung besteht.

Ein solcher Anspruch besteht dann, wenn die Tatbestandsvoraussetzungen des § 3 BefBezG vorliegen. Damit ist ein Anspruch auf die begehrte Zulassung nicht ausgeschlossen, so dass G möglicherweise in einem subjektiven Recht verletzt wird.

G ist klagebefugt.

4. Vorverfahren
Gemäß § 68 I, II VwGO ist grundsätzlich die Durchführung eines ordnungsgemäßen Vorverfahrens erforderlich.

Ein solches ist hier aber ausnahmsweise gemäß § 68 I S.2 Nr. 1 VwGO entbehrlich, da die Zulassung hier gemäß § 3 Abs. 2 BefBezG vom Bundesminister des Innern erlassen werden muss und es sich deshalb um den VA einer obersten Bundesbehörde handelt.

G kann deshalb auch ohne Widerspruchsverfahren Klage einreichen.

5. Klagefrist
Nach § 74 II VwGO muss G die Klage innerhalb eines Monats nach Ablehnung des Antrages einreichen.

6. Beteiligten- und Prozessfähigkeit
G ist als eingetragener Verein rechtsfähig und damit nach § 61 Nr. 2 VwGO beteiligtenfähig.

Prozessfähig ist nach § 62 III VwGO der Vorstand.

Die Klage wäre zulässig.

Wiederholungsfragen zum 1. Kapitel 1. Teil

1. Worin unterscheiden sich Anfechtungs- und Verpflichtungsklage?	Bei der Anfechtungsklage begehrt der Kläger die Aufhebung eines VA, bei der Verpflichtungsklage den Erlass eines VA.
2. Worin gleichen sich Anfechtungs- und Verpflichtungsklage?	Bei beiden Klagearten geht es um VAe. Auch haben beide Klagen die gleichen besonderen Zulässigkeitsvoraussetzungen (Klagebefugnis, Vorverfahren und Klagefrist).
3. Welche sonstige Klageart kommt in Betracht, wenn der Kläger die Vornahme einer staatlichen Maßnahme begehrt?	Handelt es sich bei der begehrten Maßnahme nicht um einen VA, kommt die allgemeine Leistungsklage in Betracht.
4. In welchen Fällen kann die Abgrenzung zwischen Anfechtungs- und Verpflichtungsklage ausnahmsweise problematisch sein?	In den sog. Drittbeteilungsfällen und bei VA mit Nebenbestimmungen.
5. Was ist bei den sog. Drittbeteiligungsfällen oft problematisch?	Die Klagebefugnis.
6. Warum ?	Weil oft schwierig zu klären ist, ob die einzelne Rechtsnorm ein subjektives Recht des Dritten begründet.
7. Wann handelt es sich bei der auf den Erlass eines VA gerichteten Verpflichtungsklage um eine Versagungsgegenklage und wann um eine Untätigkeitsklage?	Von einer Versagungsgegenklage spricht man dann, wenn die Klage auf den Erlass eines abgelehnten VA gerichtet ist, von einer Untätigkeitsklage dann, wenn die Klage auf den Erlass eines unterlassenen VA gerichtet ist. Im ersten Fall wurde der begehrte VA also ausdrücklich abgelehnt, im zweiten Fall dagegen blieb die Behörde untätig.
8. Was ist bei der auf den Erlass eines VA gerichteten Versagungsgegenklage besonders zu beachten?	Die Klage ist auf den Erlass des abgelehnten VA gerichtet. Es ist also nicht der Versagungsbescheid selbst Gegenstand der Klage. Die Klage ist deshalb dann begründet, wenn ein Anspruch auf den Erlass des VA besteht und zwar unabhängig davon, ob die Versagung rechtswidrig war oder nicht!

II. Die Begründetheit der Verpflichtungsklage

Nach § 113 V VwGO ist die Verpflichtungsklage begründet, soweit die Ablehnung des VA oder das Unterlassen der Entscheidung rechtswidrig ist und der Kläger dadurch in seinen Rechten verletzt wird.

1) Die Passivlegitimation

Bei der Verpflichtungsklage ist zunächst zu klären, ob der Klagegegner überhaupt passiv legitimiert ist.

Passiv legitimiert ist *derjenige, der für den Fall, dass ein Anspruch auf Erlass des begehrten VA besteht, zum Erlass dieses VA verpflichtet ist.*

Im Gegensatz zur Prozessführungsbefugnis geht es hier also um die Frage, ob der Beklagte nach materiellem Recht der richtige Anspruchsgegner ist.

Hinweis

Diese Frage der Passivlegitimation darf nicht mit der Frage der Prozessführungsbefugnis verwechselt werden. Die (passive) Prozessführungsbefugnis ergibt sich aus § 78 VwGO und regelt die Frage, wer Klagegegner ist, vgl. VerwR 1, 3. Kapitel I 5d. Bei dieser Zulässigkeitsvoraussetzung geht es um die Frage, wer befugt ist, für denjenigen, der zum Erlass des VA verpflichtet werden soll, als Beklagter in eigenem Namen den Prozess zu führen.

Bei der Frage der Passivlegitimation dagegen geht es um die Frage, wer zur Vornahme der vom Kläger begehrten Maßnahme tatsächlich verpflichtet ist. An der Passivlegitimation fehlt es deshalb dann, wenn der *falsche* Rechtsträger verklagt wurde.

Die Prozessführungsbefugnis regelt also die Frage, wer *prozessrechtlich* der richtige Klagegegner ist, sprich wer verklagt werden muss, die Passivlegitimation regelt die Frage, wer *materiell-rechtlich* der richtige Anspruchsgegner ist.

Bsp.: *A will eine Klage einreichen, nachdem die Behörde B der Gemeinde G seinen Antrag auf Erlass einer Genehmigung abgelehnt hat. Die Prozessführungsbefugnis regelt hier, dass A seine Klage nicht gegen die Behörde B, sondern gegen deren Rechtsträger und damit gegen die Gemeinde G richten muss, vgl. § 78 I Nr. 1 VwGO.*

Klagt A jetzt gegen das Land L auf Erlass der begehrten Genehmigung, fehlt es hier nicht an der Prozessführungsbefugnis, sondern an der Passivlegitimation. Selbst wenn A einen Anspruch auf Erlass der begehrten Genehmigung hätte, wäre die Klage unbegründet: Denn auf keinen Fall ist das Land L zum Erlass des VA verpflichtet.

Passivlegitimiert ist idR der Rechtsträger der für den Erlass des begehrten VA sachlich zuständigen Behörde, § 78 Abs. 1 Ziffer 1 VwGO.

Ausnahmsweise kann die Behörde selbst passivlegitimiert sein, wenn das durch Landesrecht bestimmt wird, vgl. § 78 Abs.1 Ziffer 2 VwGO. Zur Klärung der Frage, wer materiell-rechtlich der **richtige Anspruchsgegner** ist, muss also geklärt werden, welche Behörde und damit idR welcher Rechtsträger für den Erlass des begehrten VA *sachlich zuständig* ist. Denn der Rechtsträger der für den Erlass des VA sachlich zuständigen Behörde ist der richtige Beklagte.

Die sachliche Zuständigkeit ergibt sich dabei entweder aus speziellen Zuständigkeitsnormen oder aus der Anspruchsgrundlage selbst,

vgl. hierzu auch VerwR 1, 3. Kapitel II 2a.

Hinweis

In der **Klausur** muss der Bearbeiter regelmäßig feststellen, gegen wen die Klage zu richten ist. Die Frage, welche Behörde und damit welcher Rechtsträger für den Erlass des begehrten VA zuständig ist, wird dabei meistens schon im Rahmen der Bestimmung des richtigen Klagegegners beantwortet. An dieser Stelle hier genügt dann die Feststellung, daß der beklagte Rechtsträger passivlegitimiert ist.

Nur wenn der Sachverhalt ausdrücklich vorgibt, gegen wen die Klage gerichtet ist, muss an dieser Stelle geklärt werden, ob es sich bei dem verklagten Rechtsträger auch materiell-rechtlich um den richtigen Anspruchsgegner handelt.

2) Die Anspruchsgrundlage

Bei einer auf den Erlass eines VA gerichteten Verpflichtungsklage muss zur Klärung der Frage, ob ein Anspruch auf Erlass des begehrten VA besteht, zunächst die *Anspruchsgrundlage gefunden werden, aus der sich der Anspruch ergeben könnte.*

Hinweis

Wehrt sich der Kläger (mittels Anfechtungsklage) gegen einen erlassenen VA (=Abwehrfall), ist zu klären, welche Rechtsnorm als **Ermächtigungsgrundlage** für den angegriffenen VA in Betracht kommt. Begehrt der Kläger (mittels der Verpflichtungsklage) den Erlass eines VA (=Vornahmefall), ist entsprechend zu klären, auf welche **Anspruchsgrundlage** der Anspruch auf Erlass des begehrten VA gestützt werden kann.

Hinweis

Kommen für den Erlass des begehrten VA mehrere Anspruchsgrundlagen in Betracht, müssen in der **Klausur** *alle* in Betracht kommenden Anspruchsgrundlagen zumindest angeprüft werden. Da die sachliche Zuständigkeit und damit die Frage der Passivlegitimation von der jeweiligen Anspruchsgrundlage abhängt, muss bei mehreren in Betracht kommenden Anspruchsgrundlagen (ausnahmsweise) vor der Prüfung der Passivlegitimation geklärt werden, welche Anspruchsgrundlage einschlägig ist.

Dabei kommen als Anspruchsgrundlage regelmäßig nur **Rechtsnormen** in Betracht. Ausnahmsweise kann sich der Anspruch auf den Erlass eines VA auch aus einer **Zusicherung** nach § 38 VwVfG, einer Satzung oder aus einem **öffentlich-rechtlichen Vertag** nach § 54 ff VwVfG ergeben, vgl. hierzu 3. Kapitel II 2 e.

Zum Auffinden der einschlägigen Anspruchsgrundlage: Siehe VerwR 1, 3. Kapitel, II 1a.

Exkurs: Die Zusicherung

Unter einer **Zusicherung** versteht man die *verbindliche Zusage einer Behörde, einen bestimmten VA später zu erlassen oder zu unterlassen*, vgl. § 38 I S.1 VwVfG. Hat die Behörde wirksam zugesichert, dass sie den Erlass eines bestimmten VA unterlässt, ist ein entgegen der Zusicherung dennoch erlassene VA wegen Verstoßes gegen die Zusicherung rechtswidrig und die hiergegen erhobene Anfechtungsklage begründet.

In den meisten Fällen hat sich die Behörde in der Zusicherung aber zum Erlass eines bestimmten VA verpflichtet, so dass die Zusicherung als *Anspruchsgrundlage* für den Erlass des begehrten VA in Betracht kommt. Voraussetzung für einen Anspruch auf den zugesicherten VA ist dabei, dass es sich bei der Zusage

- *um eine Zusicherung iSv § 38 I VwVfG handelt* und das diese Zusicherung
- tatsächlich *wirksam* ist und dass sie
- ihre *Bindungswirkung* nicht verloren hat.

Die Zusicherung ist dabei abzugrenzen von der unverbindlichen *Auskunft* und vom noch stärker bindenden *Vorbescheid.*

Die Auskunft stellt einen bloßen Realakt dar, der keinen Anspruch gegen die Behörde begründet, sich entsprechend der Auskunft zu verhalten. Im Gegensatz zur Zusicherung fehlt der Behörde der Wille zur Selbstverpflichtung.

Die Abgrenzung ergibt sich durch Auslegung, wobei die Form (Auskunft regelmäßig mündlich, Zusicherung dagegen schriftlich) ein Indiz ist.

Der Vorbescheid dagegen enthält im Gegensatz zur Zusicherung schon endgültige Regelungen. Er sagt nicht einen künftigen VA zu, sondern stellt einen eigenständigen VA dar, der eine oder mehrere Voraussetzungen des künftigen VA (idR eine Genehmigung) verbindlich feststellt.

Handelt es sich bei der Zusage um eine Zusicherung iSv § 38 VwVfG, ist zu prüfen, ob diese wirksam ist. Nach § 38 I S. 1 VwVfG ist eine Zusicherung jedenfalls unwirksam, wenn sie nicht *schriftlich* erteilt wurde.

Ansonsten gelten die wesentlichen Vorschriften bezüglich der Nichtigkeit, Heilung und Aufhebbarkeit von Verwaltungsakten für die Zusicherung entsprechend, vgl. § 38 II VwVfG.

Die Zusicherung ist also unter den Voraussetzungen des § 44 VwVfG nichtig, Mängel nach § 45 I Nr. 3-5 können geheilt werden und die Zusicherung kann unter den Voraussetzungen der §§ 48, 49 VwVfG aufgehoben werden.

Kommt man zu dem Ergebnis, dass die Zusicherung wirksam ist, muss zuletzt geprüft werden, ob sie nicht ihre *Bindungswirkung* verloren hat. Im Gegensatz zu VA kann eine Zusicherung nämlich gemäß § 38 III VwVfG ihre *Bindungswirkung* verlieren.

Wenn sich die *Sach- oder Rechtslage nach Abgabe der Zusicherung* derart *verändert*, dass die Behörde bei Kenntnis der *nachträglich* eingetretenen Änderung die *Zusicherung nicht gegeben hätte* oder aus rechtlichen Gründen *nicht hätte geben dürfen,* besteht trotz Vorliegens einer wirksamen Zusicherung *kein* Anspruch auf Erlass des zugesicherten VA, vgl. § 38 III VwVfG.

Stellt sich heraus, dass für die begehrte Verwaltungsmaßnahme (hier der Erlass eines VA) keine Anspruchsgrundlage zur Verfügung steht, muss geklärt werden, ob im konkreten Fall *ausnahmsweise trotz fehlender Anspruchsgrundlage ein Anspruch* auf den Erlass des begehrten VA *besteht*.

vgl. hierzu auch VerwR 1, 3. Kapitel II 1c

Kommt man zu dem Ergebnis, dass die begehrte Maßnahme dem Gesetzesvorbehalt unterliegt, darf der VA nur erlassen werden, wenn sein Erlass auf eine Anspruchsgrundlage gestützt werden kann. Fehlt eine solche, ist die auf den Erlass des VA gerichtete Verpflichtungsklage unbegründet.

Unterliegt die begehrte Verwaltungsmaßnahme dagegen ausnahmsweise nicht dem Gesetzesvorbehalt (wie regelmäßig die Gewährung von Subventionen = Leistungsverwaltung), ist zu prüfen, ob nicht trotz fehlender Anspruchsgrundlage ein Anspruch auf Gewährung der begehrten Subvention besteht.

Zu berücksichtigen ist an dieser Stelle auch die Möglichkeit, dass ausnahmsweise auch Grundrechte als Anspruchsgrundlage in Betracht kommen können, vgl. 1. Kapitel, I 2.

***Bsp.**: Wird die Durchführung einer Demonstration durch eine gewalttätige Gegendemonstration gefährdet, kann sich uU aus Art. 8 GG ein direkter Anspruch auf Einschreiten gegen die Gegendemonstranten zugunsten der bedrohten Versammlung ergeben.*

Exkurs: Die Subventionsbewilligungen

Bei der Bewilligung von Subventionen handelt es sich um eine besondere Form der Genehmigung.

Probleme ergeben sich hier regelmäßig daraus, dass sich für den Subventionsanspruch keine Anspruchsgrundlage finden lässt.

Bei Subventionsbewilligungen handelt es sich regelmäßig um Begünstigungen durch die Gewährung von Leistungen an einen begrenzten Personenkreis, so dass der Gesetzesvorbehalt hier grundsätzlich nicht eingreift.

Auf der anderen Seite kann es nicht zulässig sein, dass die Verwaltung willkürlich öffentliche Mittel ohne jede Rechtfertigung ausgeben darf.

Das BVerwG hat deshalb hierzu entschieden, dass für das **ob** der Leistung, d. h. für die Gewährung insgesamt, eine *normative Grundlage* vorhanden sein muss. Sie muss Zweck und Gesamtumfang bestimmen. Als normative Grundlage reicht dabei das *Haushaltsgesetz iVm dem Haushaltsplan* aus, da in diesem die Zweckbestimmung und Mittel enthalten sind.

Ausnahmsweise kann u.U. ein Grundrecht, das Sozialstaatsprinzip oder das Selbstverwaltungsrecht der Kommunen ausreichen. Fehlt eine solche Grundlage ist die Leistungsgewährung verfassungswidrig.

Für das **wie** der Mittelverteilung (also der Abwicklung von Förderprogrammen) sind *Verwaltungsvorschriften* ausreichend und grundsätzlich auch erforderlich.

3) Die Rechtswidrigkeit der Ablehnung des VA

a) Maßgeblicher Zeitpunkt für die gerichtliche Beurteilung

Bei der *auf den Erlass eines VA gerichteten* Verpflichtungsklage ist der **maßgebliche Zeitpunkt** für die Beurteilung der Frage, ob ein Anspruch auf den begehrten VA besteht, grundsätzlich *der Zeitpunkt der gerichtlichen Entscheidung* (also regelmäßig der Zeitpunkt der letzten mündlichen Verhandlung).

Nur im Falle einer *Bescheidungsklage* ist für die Beurteilung der Rechtswidrigkeit der Ablehnung die Sach- und Rechtslage *im Zeitpunkt der Ablehnung* entscheidend.

Hinweis

Dass bei der Verpflichtungsklage der Zeitpunkt der letzten mündlichen Verhandlung entscheidend ist und nicht wie bei der Anfechtungsklage der Zeitpunkt des Erlasses des VA, ergibt sich schon daraus, dass es hier ja regelmäßig gerade nicht um die Rechtmäßigkeit des Ablehnungsbescheides geht.

Bsp.: *A beantragt eine Baugenehmigung, die von der zuständigen Behörde wegen Verstoßes gegen baurechtliche Vorschriften abgelehnt wird. Klagt nun A auf Erlass der Genehmigung und wurden inzwischen die baurechtlichen Vorschriften so geändert, dass das Bauvorhaben des A nunmehr nicht mehr gegen sie verstößt, ist seine Klage begründet, obwohl der ursprüngliche Ablehnungsbescheid rechtmäßig war.*

Der Antrag des A auf Erteilung einer Baugenehmigung wird von der Behörde fälschlicherweise wegen angeblichen, in Wirklichkeit gar nicht vorliegenden, Verstößen gegen baurechtliche Vorschriften abgelehnt. Klagt A nun wieder auf Erlass der begehrten Genehmigung und führt die inzwischen erfolgte Änderung der baurechtlichen Vorschriften dazu, dass das Bauvorhaben nunmehr tatsächlich gegen die geänderten Vorschriften verstößt, ist die Verpflichtungsklage unbegründet, obwohl der ursprüngliche Ablehnungsbescheid rechtswidrig war.

b) Vornahmeklage und Bescheidungsklage

Neben der Unterscheidung der Verpflichtungsklage in Versagungsgegenklage und Untätigkeitsklage (vgl. Exkurs unter 1. Kapitel, I 3) unterscheidet man je nach dem, ob „die Sache spruchreif ist" oder nicht, zwischen der Vornahmeklage und der Bescheidungsklage, vgl. § 113 V VwGO.

Exkurs: Gestaltungs- und Leistungsklage

Bei der erfolgreichen Anfechtungsklage wird der angegriffene VA vom Gericht durch das Urteil aufgehoben. Das Gericht handelt damit rechtsgestaltend. Die Anfechtungsklage ist eine Gestaltungsklage.

Die Verpflichtungsklage dagegen ist eine Leistungsklage:

Das Gericht ist nämlich nicht in der Lage, VAe zu erlassen. Insbesondere darf und kann das Gericht nicht das Ermessen für die Verwaltung ausüben. Im Falle einer Verpflichtungsklage hat das Gericht deshalb je nachdem, ob die Sache spruchreif ist oder nicht nur die Möglichkeit, entweder

- die Verwaltung zum Erlass des begehrten VA zu verpflichten oder aber (insbesondere bei Ermessensentscheidungen)
- die Verwaltung zu verpflichten, unter Beachtung der Rechtsauffassung des Gerichts erneut über die Sache zu entscheiden.

Um eine **Vornahmeklage** handelt es sich dann, wenn die Sache **spruchreif** (= entscheidungsreif) ist. Das ist dann der Fall, wenn das Gericht zu einer abschließenden Entscheidung über das Bestehen eines Anspruches auf Erlass des VA in der Lage ist (= wenn das Gericht die Verwaltung zum Erlass des VA verpflichten kann = wenn der VA erlassen werden muss).

An der Spruchreife fehlt es dagegen regelmäßig dann, wenn der Verwaltung hinsichtlich des Erlasses des Verwaltungsakts ein *Ermessens- oder Beurteilungsspielraum* zusteht oder der Anspruch auf Vornahme des VA *von weiteren, durch die Verwaltung zu treffenden Vorentscheidungen abhängig ist.*

In diesen Fällen handelt es sich um eine sog. **Bescheidungsklage**. Das Gericht verweist dann die Sache an die Verwaltung zurück und verpflichtet sie, unter Beachtung der Rechtsauffassung des Gerichts erneut über die Sache zu entscheiden (= Bescheidungsurteil).

Bsp.: *Student S klagt gegen die Ablehnung der Zulassung zum Studium eines Faches mit Numerus clausus. Stellt das Gericht nun fest, dass bei der Verwaltungsentscheidung die vorhandenen Ausbildungskapazitäten nicht ausreichend berücksichtigt wurden, kann die Universität deshalb nicht zur Zuweisung eines Studienplatzes verpflichtet werden, sofern mehr (klagende) Bewerber als Studienplätze vorhanden sind und deshalb weiterhin ein Auswahlverfahren notwendig ist. Das Gericht hebt dann den Ablehnungsbescheid auf und verpflichtet die Universität, unter Berücksichtigung der tatsächlich vorhandenen Ausbildungskapazitäten, erneut über den Antrag zu entscheiden.*

Hinweis

Zu beachten ist, dass die Frage der Spruchreife lediglich bestimmt, welche Art der Verpflichtungsklage (Vornahme- oder Bescheidungsklage) sinnvollerweise erhoben werden sollte.

Entscheidend für die Frage, ob es sich bei einer konkreten Verpflichtungsklage um eine Vornahme- oder Bescheidungsklage handelt, ist dagegen das Klageziel.

Begehrt der Kläger ein Urteil, das die Verwaltung zum Erlass des begehrten VA verpflichtet, handelt es sich um eine Vornahmeklage.

Begehrt der Kläger dagegen lediglich ein Urteil, das die Verwaltung dazu verpflichtet, erneut unter Beachtung der Rechtsauffassung des Gerichts über die Sache zu entscheiden, handelt es sich um eine Bescheidungsklage.

Da das Gericht bei fehlender Spruchreife nicht in der Lage ist, die Verwaltung zum Erlass des begehrten VA zu verpflichten, wäre eine auf den Erlass des VA gerichtete Vornahmeklage deshalb in diesem Fall zumindest teilweise unbegründet.

Hinweis

Grundsätzlich gilt für alle Klagearten, dass ein Urteil erst gefällt werden darf, wenn die Sache spruchreif, sprich entscheidungsreif ist. § 113 V 2 VwGO ist hiervon eine Ausnahme. Da das Gericht nicht sein Ermessen an die Stelle des Ermessens der Behörde setzen darf, ist hier ausnahmsweise trotz fehlender Spruchreife ein sog. Bescheidungsurteil möglich, wenn das Gericht die Rechtswidrigkeit der Versagung oder Unterlassung (aus anderen Gründen) festgestellt hat.

(Auch die §§ 113 II 2 VwGO und 113 III VwGO enthalten Ausnahmen von diesem Grundsatz. Sie gelten für die Verpflichtungsklage analog.)

Die Ablehnung des begehrten VA oder das Unterlassen der Entscheidung ist rechtswidrig, wenn entweder
- **ein Anspruch auf den Erlass des begehrten VA besteht oder aber**
- **der Ablehnungsbescheid ermessensfehlerhaft erlassen wurde oder wenn ohne zureichenden Grund nicht in angemessener Frist entschieden wurde.**

Bei Spruchreife
ist die (Vornahme-) Klage dann begründet, *wenn ein Anspruch auf Erlass des begehrten VA besteht.*

Das Gesetz knüpft hier an ein rechtswidriges Verwaltungshandeln an, aus dem sich eine subjektive Rechtsverletzung des Klägers ergibt. Dabei sollte *nicht auf den Ablehnungsbescheid als solchen abgestellt werden.* Das rechtswidrige Verwaltungshandeln ist vielmehr die Ablehnung bzw. die Unterlassung des Erlasses des begehrten VA selbst und gerade nicht der formale Ablehnungsbescheid.

Bei fehlender Spruchreife
ist die (Bescheidungs-) Klage dann begründet, *wenn die Ablehnung des begehrten VA oder das Unterlassen der Entscheidung*, unabhängig von einem möglicherweise bestehenden Anspruch auf Erlass des VA, *rechtswidrig ist und der Kläger dadurch in einem subjektiven Recht (das Recht auf fehlerfreie Ermessensentscheidung) verletzt wird.*

Bei der Bescheidungsklage ist also im Gegensatz zum Regelfall der Vornahmeklage auf den Ablehnungsbescheid abzustellen.

Die Prüfung der Rechtswidrigkeit der Ablehnungsentscheidung entspricht der Prüfung der Rechtswidrigkeit des erlassenen VA bei der Anfechtungsklage,

vgl. hierzu VerwR 1, 3. Kapitel II 3

Zu beachten ist, dass die Rechtsgrundlage hier regelmäßig den Erlass des beantragten VA regelt und es deshalb meist keine konkrete Ermächtigungsgrundlage für die Ablehnung gibt. Vielmehr ist die Ablehnung immer dann *rechtmäßig, wenn die Voraussetzungen für den Erlass des beantragten VA nicht vorliegen.*

Die Ablehnung ist dabei auch dann rechtmäßig, wenn zwar die Tatbestandsvoraussetzungen vorliegen, die Ablehnungsentscheidung aber ermessensfehlerfrei getroffen wurde.

c) Gebundene Entscheidungen

Um gebundene Entscheidungen handelt es sich (im Gegensatz zu Ermessensentscheidungen) immer dann, wenn die Anspruchsgrundlage die Verwaltung bei Vorliegen der Tatbestandsvoraussetzungen zum Erlass des VA *verpflichtet.*

Die Ablehnung (oder das Unterlassen des Erlasses) des VA ist rechtswidrig, wenn ein Anspruch auf Erlass des VA besteht.

Bei **gebundenen Entscheidungen** besteht ein Anspruch auf Erlass des VA also immer dann, *wenn die Tatbestandsvoraussetzungen der Anspruchsgrundlage zum Zeitpunkt der letzten mündlichen Verhandlung vorliegen.*

Bsp.: *Zum Führen eines Kfz ist eine Fahrerlaubnis erforderlich, vgl. § 2 I S.1 StVG. § 2 I S.2 StVG regelt, wann eine solche Fahrerlaubnis erteilt werden muss. Liegen die Voraussetzungen vor, ist die Behörde zum Erlass der Fahrerlaubnis* verpflichtet.

§ 6 BImSchG regelt, unter welchen Voraussetzungen eine nach § 4 BImSchG erforderliche Genehmigung erteilt werden muss. Werden also die sich aus § 5 und einer auf Grund des § 7 erlassenen Rechtsverordnung ergebenden Pflichten erfüllt, und stehen andere öffentlich-rechtliche Vorschriften und Belange des Arbeitsschutzes der Errichtung und dem Betrieb nicht entgegen, muss *die Genehmigung erteilt werden.*

d) Ermessensnormen

Handelt es sich bei der Anspruchsgrundlage dagegen um eine **Ermessensnorm**, liegt die Entscheidung, ob der begehrte VA bei Vorliegen der Tatbestandsvoraussetzungen erlassen wird oder nicht, im Ermessen der Behörde.

Ein Anspruch auf Erlass des begehrten VA besteht hier nur ausnahmsweise, *wenn das Ermessen auf Null reduziert ist.* Eine solche **Ermessensreduzierung auf Null** liegt dann vor, wenn jede andere als die begehrte Entscheidung ermessensfehlerhaft wäre. Liegt nicht ausnahmsweise ein solcher Fall der Ermessensreduzierung auf Null vor, kommt hier mangels Spruchreife regelmäßig nur eine Verpflichtungsklage in Form der Bescheidungsklage in Betracht, vgl. oben.

Unabhängig von der Spruchreife (und damit auch von der Frage, ob Vornahme- oder Bescheidungsklage) ist zunächst zu prüfen, *ob die Tatbestandsvoraussetzungen der Anspruchsgrundlage vorliegen.* Denn fehlt es schon am Vorliegen der Tatbestandsvoraussetzungen ist die Klage auf jeden Fall unbegründet, unabhängig von der Frage der Spruchreife.

Bsp.: *Der Bauherr begehrt mit seiner Klage eine Befreiung von der Festsetzung des Bebauungsplanes nach § 31 II BauGB, da nach seiner Auffassung die Durchführung des Bebauungsplanes zu einer offenbar nicht beabsichtigten Härte führen würde. Kommt man zu dem Ergebnis, dass eine solche Härte nicht vorliegt, ist die Klage unbegründet, eine weitere Prüfung ist nicht erforderlich.*

Sodann ist zu prüfen, ob seitens der Verwaltung Ermessensfehler gemacht wurden.

Kommt man zu dem Ergebnis, dass hier ermessensfehlerfrei entschieden wurde, ist die Klage ebenfalls unbegründet.

Zur Überprüfung einer Verwaltungsentscheidung auf Ermessensfehler:
Vgl. VerwR 1, 3. Kapitel, II 3c.

Hinweis

> An dieser Stelle spielt der Ablehnungsbescheid eine Rolle: Denn aus dessen Begründung geht hervor, welche Umstände von der Verwaltung berücksichtigt wurden und aus welchen Gründen der beantragte VA abgelehnt wurde. Anhand der Begründung kann dann festgestellt werden, ob die Verwaltung überhaupt von ihrem Ermessen Gebrauch gemacht hat bzw. ob ein Ermessensfehlgebrauch vorliegt.

Kommt man dagegen zu dem Ergebnis, dass Ermessensfehler vorliegen, ist an dieser Stelle zwischen Vornahme- und Bescheidungsklage zu unterscheiden.

Bei der **Vornahmeklage** besteht ein Anspruch auf Erlass des VA nur dann, wenn das Ermessen der Verwaltung auf Null reduziert ist und sich die Ermessensentscheidung durch die Reduzierung auf Null in eine gebundene Entscheidung umgewandelt hat. Ansonsten kommt lediglich ein Anspruch auf fehlerfreie Ermessensausübung in Betracht.

Eine Ermessensreduzierung auf Null liegt dann vor, wenn der Erlass des begehrten VA die einzige ermessensfehlerfreie Entscheidung ist.

Ermessen bedeutet, dass die Verwaltung beim Vorliegen der Tatbestandsvoraussetzungen zwischen verschiedenen Verhaltensweisen oder Handlungsmöglichkeiten wählen kann (vgl. hierzu VerwR 1, 3. Kapitel II 3c). So muss sie insbesondere im Rahmen ihres Ermessens entscheiden, ob sie den begehrten VA erlässt oder nicht.

Eine Ermessensreduzierung auf Null liegt dabei dann vor, wenn der Verwaltung nur eine einzige Entscheidungs- und Handlungsmöglichkeit bleibt. Das ist dann der Fall, wenn alle anderen Entscheidungen und Handlungsmöglichkeiten ermessensfehlerhaft wären. Soweit es sich bei dieser einzig möglichen Entscheidung um den Erlass des begehrten VA handelt, führt die Ermessensreduzierung dazu, dass ein Anspruch auf den Erlass des begehrten VA besteht.

Bsp.: *Soweit der Erlass des beantragten VA im konkreten Fall die einzige verhältnismäßige Maßnahme ist, liegt eine Ermessensreduzierung auf Null vor.*

Das Ermessen, eine Straßensondernutzungserlaubnis für die Verteilung von Flugblättern einer politische Partei zu Wahlkampfzwecken zu erteilen, reduziert sich wegen der besonderen Bedeutung der Parteien (Art. 21 GG) und der Wahlen (Art. 38 GG) auf Null. Jede andere Entscheidung würde diese Grundrechte nicht ausreichend berücksichtigen und wäre ermessensfehlerhaft.

Wenn erhebliche Gefahren für Rechtsgüter bestehen, verpflichtet die Generalermächtigung die Polizei zum Einschreiten.

Eine Ermessensreduzierung auf Null kommt insbesondere über Art. 3 I GG aufgrund einer sog. **Selbstbindung der Verwaltung** in Betracht.

Durch länger andauernde gleiche Verwaltungspraxis oder durch Verwaltungsvorschriften kann aufgrund von Art. 3 I GG eine Bindung an diese Praxis und damit eine Ermessensreduzierung auf eine bestimmte Entscheidung entstehen. Voraussetzung ist dann aber immer, dass es sich um einen gleichgelagerten Fall handelt und dass die ausgeübte Verwaltungspraxis rechtmäßig ist. Es gibt keinen Anspruch auf Gleichbehandlung im Unrecht.

Wurde festgestellt, dass die Ablehnung der Behörde ermessensfehlerhaft erfolgte und liegt aber keine Ermessensreduzierung auf Null vor, ist die Ablehnung des VA zwar rechtswidrig, das Gericht ist aber nicht in der Lage, die Verwaltung zum Erlass des VA zu verpflichten. Nach Bejahung der subjektiven Rechtsverletzung (vgl. unter 4) wird der Ablehnungsbescheid aufgehoben und die Verwaltung verpflichtet, über den Antrag ermessensfehlerfrei und unter Beachtung der Rechtsauffassung des Gerichts erneut zu entscheiden. Die Vornahmeklage ist dann (nur) teilweise begründet.

Die **Bescheidungsklage** hingegen, die lediglich auf die Aufhebung der ermessensfehlerhaften Entscheidung der Behörde gerichtet ist, ist (soweit die Verletzung eines subjektiven Rechts auf fehlerfreie Ermessensentscheidung festgestellt wird, vgl. unter 4) voll begründet, da die Ablehnung des beantragten VA ermessensfehlerhaft erfolgte.

Hinweis

In der **Klausur** ergibt sich öfter schon aus dem gestellten Klageantrag, ob der Kläger ein Vornahmeurteil oder ein Bescheidungsurteil begehrt. Wenn nicht, muss der Bearbeiter entscheiden, welche Art der Verpflichtungsklage im konkreten Fall sachgerecht ist.

Dabei ist in der **Klausur** regelmäßig von einer Vornahmeklage auszugehen, es sei denn, eine Ermessensreduzierung auf Null kann von vorne herein ausgeschlossen werden.

In der Praxis dagegen ist Vorsicht geboten: Denn stellt sich heraus, dass es an der Spruchreife fehlt, ergeht lediglich ein Bescheidungsurteil. Eine Vornahmeklage ist dann teilweise unbegründet was zu einer teilweisen Kostentragungspflicht führt.

Übersicht 1

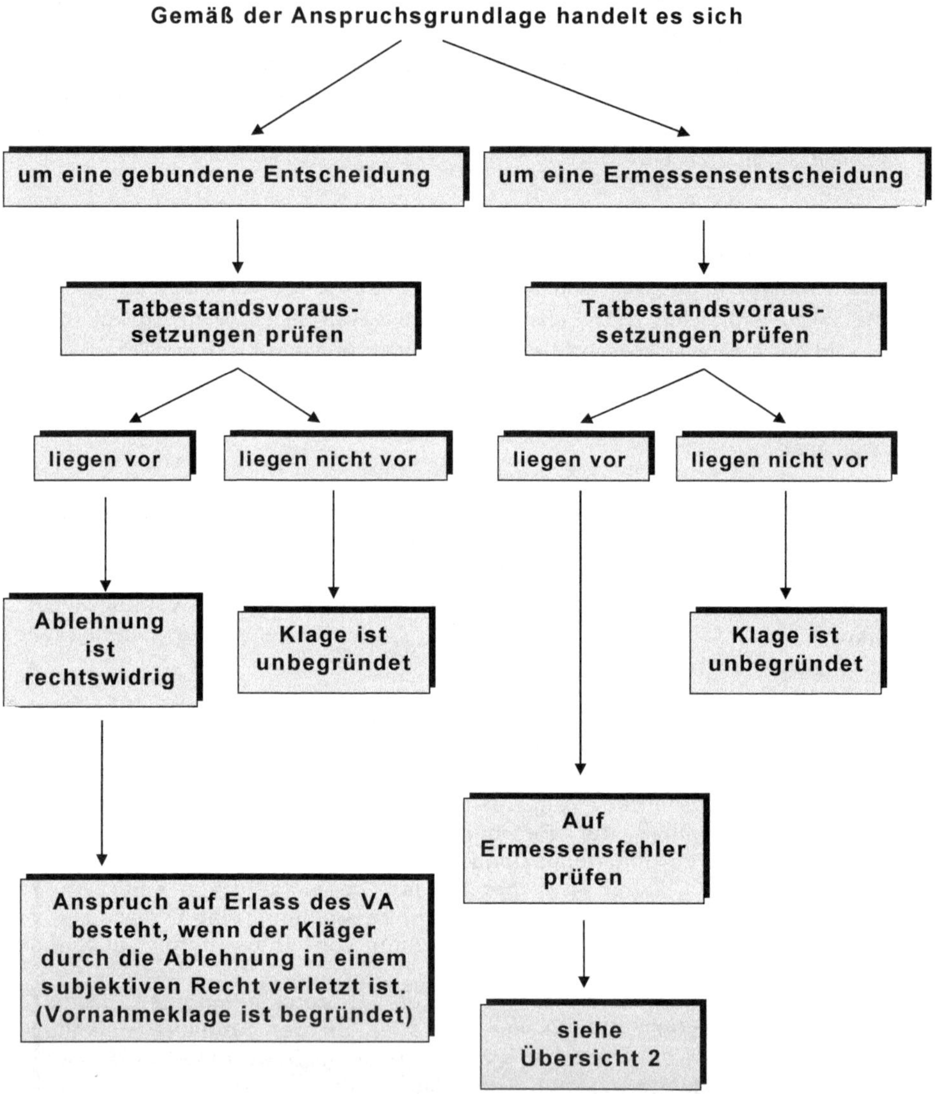

Gemäß der Anspruchsgrundlage handelt es sich
um eine gebundene Entscheidung
um eine Ermessensentscheidung
Tatbestandsvoraus-setzungen prüfen
Tatbestandsvoraus-setzungen prüfen
liegen vor
liegen nicht vor
liegen vor
liegen nicht vor
Ablehnung ist rechtswidrig
Klage ist unbegründet
Klage ist unbegründet
Auf Ermessensfehler prüfen
Anspruch auf Erlass des VA besteht, wenn der Kläger durch die Ablehnung in einem subjektiven Recht verletzt ist. (Vornahmeklage ist begründet)
siehe Übersicht 2

Übersicht 2

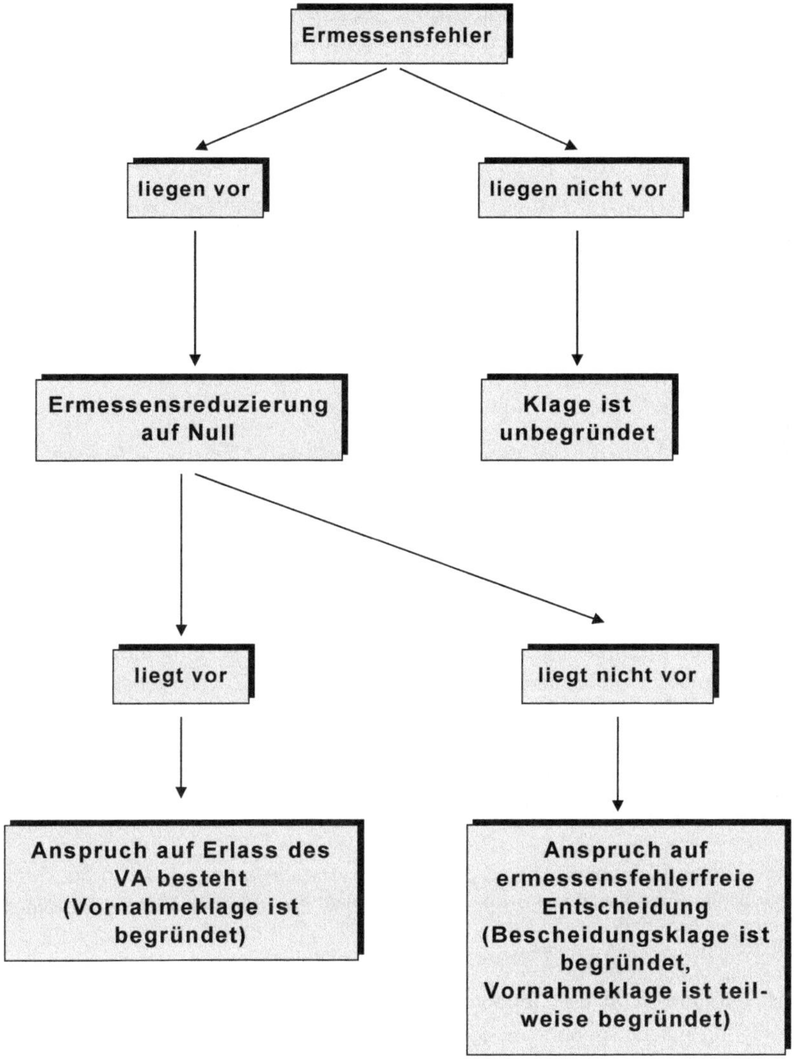
Ermessensfehler
liegen vor
liegen nicht vor
Ermessensreduzierung auf Null
Klage ist unbegründet
liegt vor
liegt nicht vor
Anspruch auf Erlass des VA besteht (Vornahmeklage ist begründet)
Anspruch auf ermessensfehlerfreie Entscheidung (Bescheidungsklage ist begründet, Vornahmeklage ist teil-weise begründet)

Hinweis

> Je nach der konkreten Fallgestaltung kann es in der **Klausur** auch sinnvoll sein, nach der Feststellung des Vorliegens der Tatbestandsvoraussetzungen zunächst zu prüfen, ob nicht eine Ermessensreduzierung auf Null vorliegt und erst, wenn eine solche Reduzierung verneint wird, weiter zu prüfen, ob nicht wenigstens Anspruch auf eine erneute, fehlerfreie Ermessensentscheidung besteht.

Exkurs: Beurteilungsspielraum

Steht der Verwaltung *ausnahmsweise* ein Beurteilungsspielraum zu, ist das Gericht ebenfalls nicht in der Lage, diese Beurteilung „für die Verwaltung" auszuüben. In diesen Fällen fehlt es deshalb *immer* an der Spruchreife (eine Reduzierung des Beurteilungsspielraumes auf Null ist nicht denkbar), so dass in diesen Fällen die Verpflichtungsklage *immer* in Form einer Bescheidungsklage zu erheben ist.

e) Genehmigungsfälle

In den häufigsten Fällen der Verpflichtungsklage begehrt der Kläger den Erlass einer Genehmigung (Erlaubnis, Gestattung, Bewilligung).

Die Aufgabe des Staates, das Zusammenleben zu regeln und zu regulieren und insbesondere den Bürger vor Gefahren zu schützen, erfordert eine Vielzahl von Ge- und Verboten und Verpflichtungen. Dabei ermöglicht das Zusammenspiel zwischen Verbot (Belastung) und Genehmigung (Begünstigung) ein differenziertes Vorgehen.

Insbesondere im Bau- und Gewerberecht, im Straßenverkehrsrecht, im Immissionsschutz-, Wasser- und sonstigem Umweltrecht und im Ausländerrecht haben Genehmigungen eine große Bedeutung.

Genehmigungen (Erlaubnisse) sind dabei immer dann erforderlich, wenn der *Schutz der Bürger vor Gefahren durch ein nachträgliches Einschreiten nicht gewährleistet werden kann.*

Für sich genommen ist die Genehmigung (Erlaubnis) eine Begünstigung. Da eine Genehmigung nur bei genehmigungsbedürftigem Verhalten erforderlich ist, handelt es sich bei der Versagung einer Genehmigung (Erlaubnis) um das Aufrechterhalten eines Verbotes und damit um eine Belastung.

Grundsätzlich kann man zwischen drei Verhaltensmöglichkeiten unterscheiden:

- **generell genehmigungsfreies** Verhalten
- **generell verbotenes** Verhalten und
- **genehmigungsbedürftiges** Verhalten

Bsp.: *Für die Verkehrsteilnahme als Fußgänger benötigt man keine Erlaubnis. Wenden und Rückwärtsfahren auf der Autobahn ist generell verboten. Eine Gaststätte darf nur derjenige betreiben, der eine gaststättenrechtliche Erlaubnis hat.*

Hinweis

Wenn eine Anmeldung (z.B. § 14 VersG) oder eine Anzeige (z.B. § 14 GewO) vorgeschrieben ist, handelt es sich um eine Art „Vorstufe" der Genehmigungsbedürftigkeit.

Zunächst ist zu klären, ob für das konkrete Verhalten oder Vorhaben überhaupt eine Genehmigung (Erlaubnis, Gestattung, Bewilligung) erforderlich ist. Ist dies der Fall, muss es eine **Rechtsnorm** geben, die dies festlegt.

Aus dieser Rechtsnorm ergeben sich entweder die Voraussetzungen für die Genehmigung oder aber die Voraussetzungen für die Untersagung.

Die Rechtsnorm regelt damit die Frage,

- **ob** eine Genehmigung (Erlaubnis) überhaupt erforderlich ist (und grenzt damit zwischen genehmigungsfreiem und genehmigungsbedürftigem Verhalten ab) und
- **welche Voraussetzungen** vorliegen müssen, damit die Genehmigung erteilt werden kann oder muss (und grenzt damit zwischen genehmigungsfähigem und nicht mehr genehmigungsfähigem Verhalten/Vorhaben ab).

Bsp.: *§ 33c I GewO regelt, dass für das gewerbsmäßige Aufstellen von Spielgeräten eine Erlaubnis erforderlich ist, § 33c II GewO regelt, wann die erforderliche Erlaubnis zu versagen ist.*

§ 2 GaststättenG regelt, dass derjenige, der ein Gaststättengewerbe betreiben will, eine Erlaubnis benötigt. § 4 GaststättenG regelt, wann diese Erlaubnis zu versagen ist.

Hinweis

Voraussetzung für einen Anspruch auf den Erlass der begehrten Erlaubnis ist, dass das Verhalten **genehmigungsbedürftig** ist, d.h. dass für das Vorhaben oder Begehren des Betroffenen eine Genehmigung, Erlaubnis, etc. erforderlich ist. Benötigt der Betroffene für sein Vorhaben gar keine Genehmigung, kann auch kein Anspruch auf den Erlass einer solchen bestehen.

Insbesondere im Baurecht ist zu klären, ob es sich bei dem Vorhaben um ein genehmigungspflichtiges handelt oder nicht. Denn eine Klage auf Erlass einer Baugenehmigung ist unbegründet, wenn das Vorhaben genehmigungsfrei ist. Erst nach der Feststellung, dass eine Genehmigung erforderlich ist, ist zu prüfen, ob die Voraussetzungen hierfür vorliegen.

In der **Klausur** ist dieser Frage regelmäßig bei der Definition oder der Abgrenzung von Tatbestandsmerkmalen der in Betracht kommenden Anspruchsgrundlage zu klären.

Geht es beispielsweise um eine gewerberechtliche Genehmigung (z.B. die gaststättenrechtliche Erlaubnis), ist zu klären, ob es sich bei dem Vorhaben überhaupt um den Betrieb eines Gewerbes handelt.

Hinweis

Besteht zwischen Verwaltung und Bürger Streit über die Frage, ob eine Genehmigung erforderlich ist oder nicht, kann dies im Rahmen einer allgemeinen Feststellungsklage geklärt werden, vgl. hierzu 4. Kapitel.

Je nach dem *Zweck* der gesetzlichen Regelung und dem *Verhältnis* zwischen Erteilung und Ablehnung der Genehmigungen unterscheidet man zwischen:

- Der **Kontrollerlaubnis** und der
- **Ausnahmegenehmigung**.

Bei der **Kontrollerlaubnis** handelt es sich um ein *präventives Verbot mit Erlaubnisvorbehalt*. Das Verbot verfolgt den Zweck, das Verhalten nicht grundsätzlich, sondern nur bei Vorliegen festgestellter Gefahren zu verhindern, das Verhalten/ Begehren also auf seine *Gefährlichkeit im konkreten Fall* hin zu kontrollieren.

In diesen Fällen ist die Erteilung der Erlaubnis der Normalfall und die Versagung der Ausnahmefall.

> ***Bsp.:*** *Das Führen eines Kfz ist nur mit Fahrerlaubnis erlaubt. Das Führen eines Kfz ist aber nicht grundsätzlich verboten, die Erforderlichkeit einer Fahrerlaubnis ist notwendig, um festzustellen, ob der einzelne auch zum Führen eines Kfz im Straßenverkehr geeignet ist.*
>
> *Auch bei der Baugenehmigung oder der Zulassung eines Arzneimittels handelt es sich um Kontrollerlaubnisse.*

Bei der **Ausnahmegenehmigung** handelt es sich um ein *repressives Verbot mit Befreiungsvorbehalt*. Das Verbot verfolgt hier den Zweck, ein Verhalten grundsätzlich zu verhindern und nur ausnahmsweise zu gestatten, wenn die grundsätzlich angenommenen Gefahren nicht vorliegen.

In diesen Fällen ist die Versagung der Erlaubnis der Normalfall und die Erteilung der Ausnahmefall.

> ***Bsp.:*** *Hierunter gehört z.B. der Waffenschein (§ 35 WaffG) und der baurechtliche Dispens.*

Regelmäßig handelt es sich bei der Kontrollerlaubnis um einen gebundenen VA und bei der Ausnahmegenehmigung um einen Ermessens-VA.

Hinweis

> Nicht jede Erlaubnis läßt sich in eine der beiden Gruppen einordnen. Oft gehen auch beide ineinander über.

4) Die Rechtsverletzung des Klägers

Nach § 113 V VwGO ist die Verpflichtungsklage nur dann begründet, wenn die Ablehnung oder Unterlassung des VA rechtswidrig ist *und der Kläger dadurch in einem subjektiven Recht verletzt wird.*

Kommt man bei der Rechtmäßigkeitsprüfung zu dem Ergebnis, dass ein Anspruch auf den Erlass des VA besteht und beinhaltet die Anspruchsgrundlage ein subjektives Recht (des Klägers), wird der Kläger durch die Ablehnung des VA oder das Unterlassen der Entscheidung in einem subjektiven Recht verletzt (vgl. hierzu auch unter I 2).

Bei der Bescheidungsklage liegt eine subjektive Rechtsverletzung des Klägers vor, wenn ein subjektiver Anspruch auf eine fehlerfreie Ermessensentscheidung besteht. Ein solches subjektives Recht auf ermessensfehlerfreie Entscheidung besteht immer dann, wenn die Ermessensnorm ein subjektives Recht (des Klägers) beinhaltet.

Hinweis

In der **Klausur** wird regelmäßig schon im Rahmen der Klagebefugnis festgestellt, dass die in Betracht kommende Anspruchsgrundlage ein subjektives Recht des Klägers beinhaltet. Kommt man dann in der Rechtmäßigkeitsprüfung zu dem Ergebnis, dass ein Anspruch auf den Erlass des VA besteht, ist die subjektive Rechtsverletzung völlig unproblematisch in einem Satz festzustellen.

Auch wenn man zu dem Ergebnis kommt, dass die Ablehnung ermessensfehlerhaft ist, ist die subjektive Rechtsverletzung wegen der Verletzung des Rechts auf fehlerfreie Ermessensentscheidung unproblematisch.

Hinweis

Bei einer Verpflichtungsklage sollte in der **Klausur** zunächst festgestellt werden, ob es sich bei der Anspruchsgrundlage um eine Ermessensnorm handelt oder nicht.

Verpflichtet die Anspruchsgrundlage die Verwaltung bei Vorliegen der Tatbestandsvoraussetzungen zum Erlass des VA, kommt nur eine Vornahmeklage in Betracht. Die Ablehnung oder das Unterlassen des VA ist dann rechtswidrig, wenn die Tatbestandsvoraussetzungen vorliegen. *Es darf hier nicht auf den Ablehnungsbescheid abgestellt werden!*

Handelt es sich bei der Anspruchsgrundlage um eine Ermessensnorm, kommen (nach der Feststellung, dass die Tatbestandsmerkmale vorliegen) je nach Fallgestaltung zwei unterschiedliche Vorgehensweisen in Betracht:

- Entweder ist zunächst zu klären, ob nicht ein Anspruch auf den Erlass des begehrten VA besteht, weil hier ausnahmsweise eine Ermessensreduzierung auf Null vorliegen könnte und im Falle der Verneinung der Reduzierung ist dann zu klären, ob nicht zumindest ein Anspruch auf ermessensfehlerfreie Entscheidung besteht, also ob die Ablehnungsentscheidung ermessensfehlerhaft war.

- Oder aber es ist zunächst zu prüfen, ob die Ablehnungsentscheidung ermessensfehlerhaft war und erst dann im Falle einer Bejahung wird weiter geprüft, ob im konkreten Fall nicht sogar eine Ermessensreduzierung auf Null vorliegt.

Fall 3

Sachverhalt wie Fall 1 und 2, aber G erhebt Klage mit dem Antrag, die Bundesrepublik zum Erlass der Erteilung einer Zulassung nach § 3 BefBezG zu verpflichten.

Ist die Klage von G begründet?

Lösungsvorschlag

Die Verpflichtungsklage ist begründet, soweit die Ablehnung des VA rechtswidrig ist und der Kläger dadurch in einem subjektiven Recht verletzt wird.

Das ist bei der hier erhobenen Vornahmeklage dann der Fall, wenn der Kläger einen Anspruch auf die begehrte Ausnahmegenehmigung hat.

1. Passivlegitimation
Nach § 3 Abs. 2 BefBezG ist der Bundesminister des Innern für den Erlass einer solchen Ausnahmegenehmigung sachlich zuständig. Passivlegitimiert ist gemäß § 78 I Nr. 1 VwGO dessen Rechtsträger, also die Bundesrepublik Deutschland.

2. Anspruchsgrundlage
Als Anspruchsgrundlage kommt hier nur § 3 Abs. 1 BefBezG in Betracht.

3. Tatbestandsvoraussetzungen
Voraussetzung für den Erlass einer solchen Ausnahmegenehmigung ist zunächst einmal, dass die beabsichtigte Versammlung unter freiem Himmel überhaupt verboten ist.

Da G hier innerhalb des befriedeten Bezirks des Deutschen Bundestages (vgl. § 2 BefBezG) demonstrieren möchte, ist diese Demonstration nach § 16 I VersG, § 2 BefBezG grundsätzlich verboten.

Gemäß § 3 Abs. 1 BefBezG sind öffentliche Versammlungen unter freiem Himmel innerhalb der befriedeten Bezirke zuzulassen, wenn eine Beeinträchtigung der Tätigkeit des Bundestages und seiner Fraktionen sowie die Organe und Gremien sowie eine Behinderung des freien Zugangs zu den im befriedeten Bezirk gelegenen Gebäuden nicht zu besorgen ist. Des Weiteren regelt § 3 Abs. 1 Satz 2 BefBezG, dass hiervon in der Regel dann auszugehen ist, wenn die Demonstration an einem Tag durchgeführt werden soll, an dem Sitzungen nicht stattfinden. Hier soll die Demonstration während der Parlamentsferien durchgeführt werden. Eine Beeinträchtigung der Tätigkeit ist daher nicht ersichtlich. Anhaltspunkte dafür, dass es sich hier nicht um einen Regelfall nach § 5 Abs. 1 Satz 2 handelt, sind nicht ersichtlich.

Die Tatbestandsvoraussetzungen der Anspruchsgrundlage liegen damit vor.

4. Rechtsfolge
Nach § 3 Abs. 1 BefBezG *sind* öffentliche Versammlungen unter freiem Himmel innerhalb der befriedeten Bezirke zuzulassen, wenn eine Beeinträchtigung der Tätigkeit des Bundestages oder seiner Fraktionen und eine Behinderung des freien Zugangs zum Gebäude nicht zu besorgen ist. Der Bundesminister des Innern (im Einvernehmen des Präsidenten des Bundestages) *muss* damit eine Zulassung erlassen, wenn der Tatbestand erfüllt ist. Es handelt sich um eine gebundene Entscheidung.

Da die Tatbestandsvoraussetzungen hier vorliegen, besteht ein Anspruch auf den Erlass der begehrten Zulassung gemäß § 3 Abs. 1 BefBezG.

Folglich ist der Bundesminister des Innern zum Erlass der Zulassung verpflichtet.

5. Ergebnis
Damit hat G einen Anspruch auf den Erlass der begehrten Zulassung. Die Klage ist begründet.

Wiederholungsfragen zum 1. Kapitel 2. Teil

1. Worin liegt der Unterschied zwischen der Prozessführungsbefugnis und der Passivlegitimation?	Bei der Prozessführungsbefugnis geht es um die Frage, wer befugt ist, für die Behörde, die den VA erlassen soll, als Beklagter in eigenem Namen den Prozess zu führen (regelmäßig der Rechtsträger, vgl. § 78 VwGO). Bei der Passivlegitimation geht es um die Frage, wer zur Vornahme der vom Kläger begehrten Maßnahme tatsächlich verpflichtet ist. Die Prozessführungsbefugnis regelt damit die prozessuale Frage, ob der Beklagte der richtige Klagegegner ist, sprich überhaupt verklagt werden kann. Die Passivlegitimation regelt, ob der Beklagte materiellrechtlich der richtige Anspruchsgegner ist.
2. Was ist dann für die Passivlegitimation entscheidend?	Entscheidend ist, welche Behörde (und damit welcher Rechtsträger) für den Erlass des begehrten VA sachlich zuständig ist.
3. Wann spricht man von Vornahme-, wann von Bescheidungsklage und wann ist welche Klage einschlägig?	Um eine Vornahmeklage handelt es sich dann, wenn die Klage auf den Erlass eines VA gerichtet ist, um eine Bescheidungsklage, wenn die Klage auf erneute fehlerfreie Ermessensentscheidung gerichtet ist. Die Vornahmeklage ist einschlägig, wenn die Sache spruchreif ist, sprich wenn das Gericht in der Lage ist, zu entscheiden, ob der begehrte VA erlassen werden muss oder nicht. Die Bescheidungsklage dagegen ist dann einschlägig, wenn es an der Spruchreife fehlt. Das ist regelmäßig dann der Fall, wenn der Verwaltung ein Ermessens- oder Beurteilungsspielraum zusteht.
4. Wann spricht man von Ermächtigungs- und wann von Anspruchsgrundlagen?	Um Ermächtigungsgrundlagen handelt es sich, wenn die Rechtsnorm die Verwaltung zu einer Maßnahme (z.B. den Erlass eines VA) ermächtigt. Von einer Anspruchsgrundlage spricht man dann, wenn sich aus der Rechtsnorm ein Anspruch des Klägers gegen die Verwaltung ergibt (z.B. auf Erlass des begehrten VA).
5. Wann ist bei der Verpflichtungsklage für die Entscheidung der Zeitpunkt der letzten mündlichen Verhandlung entscheidend und wann der Zeitpunkt der Ablehnung des begehrten VA?	Der Zeitpunkt der letzten mündlichen Verhandlung ist bei der auf den Erlass eines VA gerichteten Verpflichtungsklage (Vornahmeklage) entscheidend, der Zeitpunkt der Ablehnung ist bei der Bescheidungsklage entscheidend.

6. Kann der Betroffene, der eine Ermessensentscheidung begehrt und dessen Antrag mangels Vorliegen der Tatbestandsvoraussetzungen abgelehnt wurde, Verpflichtungsklage einreichen, wenn nunmehr die Tatbestandsvoraussetzungen wegen einer Änderung der Sachlage vorliegen?	Geht es dem Betroffenen nicht um den Erlass eines VA (mangels Ermessensreduzierung auf Null), sondern lediglich um erneute fehlerfreie Ermessensentscheidung, kommt eine Vornahmeklage nicht in Betracht. Eine Bescheidungsklage wäre aber ebenfalls unbegründet, da hierfür der Zeitpunkt der Ablehnung entscheidend ist. Und zu diesem Zeitpunkt lagen ja die Tatbestandsvoraussetzungen nicht vor, so dass die Ablehnung rechtmäßig war. In diesen Fällen besteht aber ohnehin kein Rechtsschutzbedürfnis: Denn der Betroffene kann ja jederzeit einen neuen Antrag stellen. Ändert sich die Sach- oder Rechtslage, so dass nunmehr die Tatbestandsvoraussetzungen vorliegen, muss der Betroffene zunächst also einen neuen Antrag auf Erlass des VA stellen. Erst wenn dieser (trotz veränderter Sach- oder Rechtslage) wieder abgelehnt wird, kann er dagegen eine Bescheidungsklage erheben.
7. Wann ist eine Verpflichtungsklage begründet?	Wenn die Ablehnung des begehrten VA oder das Unterlassen der Entscheidung über den Erlass rechtswidrig ist. Das ist entweder dann der Fall, wenn ein Anspruch auf den Erlass des VA besteht oder aber wenn der Ablehnungsbescheid ermessensfehlerhaft erlassen wurde oder wenn ohne zureichenden Grund nicht in angemessener Frist entschieden wurde.
8. Warum ist es ratsam, zunächst zu klären, ob es sich bei der Entscheidung der Behörde über den Antrag um eine gebundene oder um eine Ermessensentscheidung handelt?	Ist die Verwaltung bei Vorliegen der Tatbestandsvoraussetzungen zum Erlass des begehrten VA verpflichtet, kommt regelmäßig nur eine auf den Erlass des VA gerichtete Vornahmeklage in Betracht. Handelt es sich bei der Anspruchsgrundlage dagegen um eine Ermessensnorm, ist (soweit keine Ermessensreduzierung auf Null vorliegt) eine Bescheidungsklage einschlägig.
9. Welche zwei Arten von Genehmigungen lassen sich unterscheiden?	Man unterscheidet die Kontrollerlaubnis als präventives Verbot mit Erlaubnisvorbehalt von der Ausnahmegenehmigung als repressives Verbot mit Befreiungsvorbehalt.
10. Spielt diese Unterscheidung eine Rolle?	Eigentlich nicht. Ob die Genehmigung erteilt wird oder nicht hängt grundsätzlich von der Sach- und Rechtslage ab und nicht von der Frage, ob es sich um eine Kontrollerlaubnis oder um eine Ausnahmegenehmigung handelt. Es ist aber, insbesondere bei Genehmigungen, die sich nicht eindeutig einordnen lassen, für die Ermessensentscheidung von Bedeutung, ob der Schwerpunkt in der Kontrolle oder im Verbot liegt.

2. Kapitel

Die Fortsetzungsfeststellungsklage

I. Die Zulässigkeitsvoraussetzungen der Fortsetzungsfeststellungsklage

1) Die Klageart

a) Die Erledigung des VA

Die Fortsetzungsfeststellungsklage nach § 113 I S. 4 VwGO (analog) ist statthafte Klageart, wenn sich der erlassene oder begehrte VA erledigt hat bzw. erledigt hätte und der Kläger die Feststellung der Rechtswidrigkeit begehrt.

Ein VA, der sich erledigt, kann nicht mehr aufgehoben werden, ein VA, der sich im Falle seines Erlasses erledigt hätte, kann nicht mehr erlassen werden. Deshalb setzen Anfechtungs- und Verpflichtungsklage voraus, dass sich der erlassene VA noch nicht erledigt hat, bzw. dass sich der begehrte VA noch nicht erledigt hätte.

Vgl. hierzu VerwR 1, 3. Kapitel, I, 1b und oben 1. Kapitel, I. 1a.

Es gibt aber eine Vielzahl von Fällen, in denen der Betroffene dennoch ein berechtigtes Interesse daran hat, gerichtlich zu klären, dass der Erlass des VA bzw. dass die Ablehnung oder das Unterlassen des Erlasses des begehrten VA rechtswidrig *war.*

In diesen Fällen ist die **Fortsetzungsfeststellungsklage** statthafte Klageart Dabei muss es sich immer um einen VA handeln, der sich erledigt hat. Bei der Erledigung von Realakten ist die allgemeine Feststellungsklage statthaft, vgl. hierzu das 4. Kapitel.

Hinweis

Am häufigsten kommt die FFK im Polizei- und Sicherheitsrecht vor, da sich in diesem Bereich VA sehr häufig durch Zeitablauf und Vollzug erledigen.

Zunächst ist also zu klären, ob sich der erlassene oder begehrte VA erledigt hat oder hätte (bzw. ob sich der *Anspruch auf den VA* erledigt hat, vgl. hierzu unter b.

Erledigung liegt immer dann vor, wenn infolge einer Veränderung der Sach- oder Rechtslage der VA keine Rechtsfolge mehr haben kann, insbesondere wenn die mit ihm verbundene Beschwer entfallen ist, der vollziehungsfähige Inhalt des VA also gegenstandslos geworden ist.

Hinweis

Zur Feststellung, ob Erledigung vorliegt oder nicht, kann folgendes überlegt werden: Hätte der VA eine sinnvolle Rechtsfolge, wenn er jetzt erlassen werden würde. Ist das zu verneinen, hat sich der VA erledigt.

Die Hauptfälle der Erledigung ergeben sich aus § 43 II VwVfG.

Typische Fälle der Erledigung sind die **Aufhebung des VA nach den §§ 48/49 VwVfG** oder **die Erledigung durch Zeitablauf.**

Bsp.: *Das Versammlungsverbot für eine Demonstration am 1. Mai hat sich nach Ablauf dieses Tages durch Zeitablauf erledigt.*

Bei **Erledigung durch den Vollzug** des VA ist zu differenzieren:

Grundsätzlich führt der Vollzug eines VA nicht zur Erledigung, denn aus § 113 I 4 VwGO folgt, dass ein Antrag auf Aufhebung des VA und auf Beseitigung des Vollzuges nebeneinander möglich sind.

Der Vollzug eines VA führt aber dann zur Erledigung, wenn der Vollzug *nicht mehr rückgängig gemacht werden kann.*

Bsp.: *Beschlagnahmt die Polizei bei einer Demonstration das Transparent eines Demonstranten, wird durch die Wegnahme des Transparentes die Beschlagnahmeverfügung vollzogen. Der VA (Beschlagnahmeverfügung) hat sich hierdurch nicht erledigt, da das Transparent wieder herausgegeben werden kann.*

Hindert die Polizei den A durch Anwendung von unmittelbarem Zwang daran, eine Versammlung zu stören, hat sich die Maßnahme mit ihrer Durchführung erledigt, da es dem A später nicht mehr möglich ist, die Versammlung zu stören.

Ansonsten führt **jede Änderung der Sach- oder Rechtslage, die die Aufhebung oder den Erlass des VA sinnlos macht**, zur Erledigung.

Bsp.: *Das Haus, für das eine Abrissverfügung erlassen wurde, brennt nieder. - Der Eigentümer, der eine Baugenehmigung begehrt, verkauft das Grundstück zwischenzeitlich an einen Dritten.*

b) Die verschiedenen Arten der Fortsetzungsfeststellungsklage

Je nach ursprünglicher Klageart und nach dem Zeitpunkt der Erledigung lassen sich vier verschiedene Fälle der FFK unterscheiden:

- Die FFK bei Erledigung des VA *nach* Erhebung der *Anfechtungsklage*
- Die FFK bei Erledigung des VA *vor* Erhebung der *Anfechtungsklage*
- Die FFK bei Erledigung *nach* Erhebung der *Verpflichtungsklage*
- Die FFK bei Erledigung *vor* Erhebung der *Verpflichtungsklage*

Die FFK bei Erledigung des VA nach Erhebung der Anfechtungsklage, § 113 I S. 4 VwGO

Die FFK für den Fall, dass sich der mit einer **Anfechtungsklage** angegriffene VA **nach** Klageerhebung erledigt, ist der einzige gesetzlich ausdrücklich geregelte Fall der FFK, vgl. § 113 I 4 VwGO.

Da eine Aufhebung des VA nach Erledigung nicht mehr möglich ist, würde der Kläger seine Anfechtungsklage selbst dann verlieren, wenn der angegriffene VA rechtswidrig war und der Kläger dadurch auch in einem subjektiven Recht verletzt wurde. Die Anfechtungsklage würde also allein deshalb scheitern, weil sich der VA erledigt hat (worauf der Kläger ja keinerlei Einfluss hat) und deshalb nicht mehr aufgehoben werden kann. Darum hat der Kläger nun die Möglichkeit, seine ursprüngliche Anfechtungsklage in eine FFK umzuwandeln.

Das bedeutet, dass sich das ursprüngliche Klagebegehren - die Aufhebung des VA - ändert und der Kläger nunmehr die *Feststellung* begehrt, dass der angegriffene VA rechtswidrig *war*.

Bsp.: *Die von A für den 1. Mai 2020 angemeldete Demonstration wird von der zuständigen Behörde am 25. April 2020 verboten. Dagegen reicht A am 27. April 2020 eine Anfechtungsklage ein, mit dem Antrag, das Versammlungsverbot aufzuheben. In der mündlichen Verhandlung am 3. Mai 2020 stellt A nun den Antrag, festzustellen, dass das Versammlungsverbot rechtswidrig war.*

Hinweis

> Zu beachten ist, dass der Kläger seinen ursprünglichen Anfechtungsantrag auf einen Feststellungsantrag umstellen muss (= Klageänderung).

Vorsicht ist geboten, wenn die Behörde den angefochtenen VA nach Erhebung einer Anfechtungsklage aufhebt, bzw. zurücknimmt und den Rechtsstreit für erledigt erklärt. Die Aufhebung des VA führt jedenfalls zur Erledigung der Anfechtungsklage, da der VA dann vom Gericht ja nicht mehr aufgehoben werden kann. Die Umstellung in eine FFK scheitert aber dann idR am fehlenden besonderen Feststellungsinteresse. Dem Kläger bleibt dann nur die Möglichkeit, den Rechtsstreit ebenfalls für erledigt zu erklären. Eine Entscheidung durch das Gericht über die Sache entfällt dann. Allerdings muss in diesem Fall die Behörde wenigstens die Kosten des Gerichtsverfahrens tragen.

Die FFK bei Erledigung des VA vor Erhebung der Anfechtungsklage, § 113 I S. 4 VwGO, analog

Da es für das Rechtsschutzbedürfnis des Klägers keinen Unterschied macht und es oft vom Zufall abhängt, ob sich der VA nun nach oder schon **vor** Klageerhebung erledigt, ist in analoger Anwendung von § 113 I S. 4 VwGO die FFK auch für den Fall statthafte Klageart, dass sich der VA schon vor Erhebung der Anfechtungsklage erledigt hat.

Zudem gibt es eine Vielzahl von Fällen, wo sich ein erlassener VA seiner Natur nach praktisch sofort erledigt.

Bsp.: *Die von A angemeldete Demonstration für den 1. Mai 2020 wird erst am 29. April 2020 verboten. A reicht erst am 3. Mai 2020 Klage ein.*

Eine Personendurchsuchung durch die Polizei setzt den Erlass einer Duldungsverfügung voraus. Dieser VA hat sich mit Abschluss der Durchsuchung erledigt.

Die FFK bei Erledigung nach Erhebung einer Verpflichtungsklage, § 113 I S. 4 VwGO analog

Auch bei der **Verpflichtungsklage** gibt es Fälle, bei denen zunächst ein Anspruch auf den Erlass des begehrten VA vorlag und dennoch die Verurteilung zum Erlass des VA im Zeitpunkt der letzten mündlichen Verhandlung aus prozessrechtlichen oder materiellrechtlichen Gründen nicht mehr in Betracht kommt. Die FFK analog § 113 I 4 VwGO gibt dem Kläger hier die Möglichkeit, die Rechtswidrigkeit der (früheren) Ablehnung bzw. Unterlassung des begehrten VA feststellen zu lassen.

Dabei erledigt sich bei der Verpflichtungsklage nicht ein bereits erlassener VA, sondern vielmehr erledigt sich *der Anspruch auf Erlass des begehrten VA* (bzw. der Anspruch auf erneute Entscheidung bei der Bescheidungsklage).

Neben dem Fall, dass sich der begehrte VA, auch wenn er erlassen worden wäre, **inzwischen erledigt hätte**, kommen hier insbesondere Fälle in Betracht, wo der Kläger aus anderen Gründen **kein Interesse mehr** am Erlass des begünstigenden VA hat.

Bsp.: *Der Kläger beantragt eine zeitlich befristete Genehmigung. Der Zeitraum der Genehmigung ist zum Zeitpunkt der mündlichen Verhandlung bereits abgelaufen.*

Einer Partei wird untersagt, ihren Parteitag in der Stadthalle abzuhalten. Der Parteitagstermin ist zum Zeitpunkt der mündlichen Verhandlung schon vorbei.

Der auf Erlass einer Baugenehmigung Klagende hat inzwischen wegen einer Änderung seiner wirtschaftlichen Verhältnisse kein Interesse mehr an der Durchführung seines Bauvorhabens.

Da bei der Verpflichtungsklage für die Beurteilung der Frage, ob ein Anspruch auf den Erlass des VA besteht, der Zeitpunkt der letzten mündlichen Verhandlung entscheidend ist, gibt es Fälle, bei denen die Ablehnung des VA rechtswidrig war und der Kläger zum Zeitpunkt seines Antrages auch einen Anspruch auf den Erlass des VA hatte, die Verpflichtungsklage aber aufgrund einer inzwischen erfolgten Änderung der Sach- oder Rechtslage dennoch unbegründet wäre.

Auch in diesen Fällen, wo eine ursprünglich begründete Verpflichtungsklage unbegründet wird, weil der Anspruch auf Erlass des VA zwischenzeitlich wegen einer **Änderung der Sach- oder Rechtslage** entfallen ist, ist die Umstellung der ursprünglichen Verpflichtungsklage in eine FFK statthaft.

Bsp.: *Der zunächst bestehende Anspruch auf Erlass der Baugenehmigung ist zwischenzeitlich wegen einer Veränderung der näheren Umgebung entfallen.*

Hinweis:

In der **Klausur** ist in diesen Fällen (Änderung der Sach- oder Rechtslage) regelmäßig von der Zulässigkeit einer Verpflichtungsklage auszugehen: Im Rahmen der Prüfung der statthaften Klageart wäre es sogar regelmäßig verfehlt, hier ausführlich zu prüfen, ob der Anspruch auf den begehrten VA ursprünglich bestanden hat und zwischenzeitlich aufgrund der geänderten Sach- oder Rechtslage entfallen ist. Denn die Frage, ob der geltend gemachte Anspruch besteht und die Frage des entscheidenden Zeitpunkts für die Beurteilung der Begründetheit der Klage sind typische Probleme der Begründetheitsprüfung.

In der **Klausur** sollte deshalb im Rahmen der Prüfung der statthaften Klageart regelmäßig nur dann sofort auf die FFK abgestellt werden, wenn sich ein bereits erlassener VA vor oder nach Klageerhebung aus anderen Gründen erledigt hat oder sich der begehrte VA aus anderen Gründen erledigt hätte.

Bei Klagen, bei denen sich der Anspruch auf den Erlass des VA dagegen aufgrund der Änderung der Sach- oder Rechtslage erledigt, ist regelmäßig von der Statthaftigkeit einer Verpflichtungsklage auszugehen. Im Rahmen der Begründetheitsprüfung ist dann festzustellen, dass eine auf den Erlass des VA gerichtete Verpflichtungsklage hier unbegründet ist, weil inzwischen kein Anspruch mehr auf den VA besteht.

Auch in der **Praxis** wird in diesen Fällen eine eingereichte Verpflichtungsklage nicht als unzulässig abgewiesen. Stellt sich im Laufe des Rechtsstreits heraus, dass hier ein ursprünglich bestehender Anspruch zwischenzeitlich entfallen ist, hat der Kläger die Möglichkeit seinen Klageantrag umzustellen und seine Klage dahingehend abzuändern, dass er nunmehr nicht mehr den Erlass des VA, sondern lediglich noch die Feststellung der Rechtswidrigkeit der Ablehnung begehrt.

Die FFK bei Erledigung vor Erhebung einer Verpflichtungsklage, § 113 I S. 4 VwGO analog

Auch für die Verpflichtungs-FFK gilt, dass diese unabhängig vom Zeitpunkt der Erledigung statthaft ist.

Bsp.: *Die Klage der Partei auf Zulassung zur Nutzung der Stadthalle für ihren Parteitag wird erst eingereicht, nachdem der Parteitag wegen der Untersagung schon an einem anderen Ort stattgefunden hat.*

Hinweis:

> Bei der Verpflichtungs-FFK für den Fall der Erledigung vor Klageerhebung handelt es sich sogar um eine doppelte Analogie: Es liegt ursprünglich keine Anfechtungsklage vor und die Erledigung hat nicht nach, sondern vor Klageergebung stattgefunden.

2) Die besonderen Zulässigkeitsvoraussetzungen der FFK

Da es sich bei der FFK letztlich um eine umgestellte Anfechtungs- oder Verpflichtungsklage handelt, müssen neben dem Feststellungsinteresse als besondere Zulässigkeitsvoraussetzung der FFK (vgl. unter 3) **grundsätzlich** die *besonderen Zulässigkeitsvoraussetzungen der Anfechtungs- bzw. Verpflichtungsklage* vorliegen

Vgl. hierzu ausführlich VerwR 1, 3. Kapitel I und hier 1. Kapitel I.

a) Bei Erledigung nach Klageerhebung

Bei der **Erledigung nach Erhebung** einer **Anfechtungsklage** müssen

sämtliche besonderen Zulässigkeitsvoraussetzungen der Anfechtungsklage vorliegen.

Dabei müssen diese (Klagebefugnis, ordnungsgemäßes Vorverfahren, Klagefrist) weiterhin vorliegen, d. h. die Zulässigkeitsvoraussetzungen müssen in diesem Fall *noch* im Zeitpunkt der letzten mündlichen Verhandlung vorliegen.

Bsp.: *Ist die Anfechtungsklage wegen Ablauf der Anfechtungsfrist unzulässig, ändert die nach Ablauf der Widerspruchsfrist eintretende Erledigung nichts daran, dass die Klage – nun die FFK – wegen Fristablauf unzulässig ist.*

Bei **Erledigung nach Erhebung** einer **Verpflichtungsklage** müssen ebenfalls neben dem Feststellungsinteresse

sämtliche Zulässigkeitsvoraussetzungen der Verpflichtungsklage zum Zeitpunkt der letzten mündlichen Verhandlung noch vorliegen.

Hinweis

> Bei der Erledigung nach Klageerhebung ist ja immer zunächst eine Anfechtungs- oder Verpflichtungsklage eingereicht worden. Ist diese unzulässig, kann die Erledigung natürlich nicht dazu führen, dass die Klage doch noch zulässig wird.

b) Bei Erledigung vor Klageerhebung

Bei der **Erledigung vor Erhebung** der **Anfechtungs- oder Verpflichtungsklage** dagegen ist problematisch, inwieweit die Durchführung eines ordnungsgemäßen Vorverfahrens (§§ 68 f VwGO) sowie die Einhaltung der Klagefrist (§ 74 VwGO) erforderlich sind.

Eine FFK ist jedenfalls dann wegen Fristablauf unzulässig, wenn sich der VA erst *nach Ablauf der Widerspruchsfrist* (§ 70 VwGO) erledigt hat (oder hätte) und bis zum Ablauf der Frist noch kein Vorverfahren eingeleitet wurde. Denn in diesem Fall wäre auch eine Anfechtungs- oder Verpflichtungsklage nicht mehr zulässig.

Hinweis

> Im Zeitpunkt der Erledigung muss also die Erhebung der Anfechtungs- oder Verpflichtungsklage noch zulässig gewesen sein. Denn sonst würde ja wieder die Erledigung zur Zulässigkeit führen, obwohl die „eigentlich statthafte“ Klage bereits unzulässig wäre.

Erledigt sich dagegen der VA *vor Ablauf der Widerspruchsfrist*, ist die *Durchführung eines Vorverfahrens nicht mehr erforderlich*:

Das Vorverfahren ist auf die Aufhebung des VA bzw. auf den Erlass des begehrten VA gerichtet. Im Falle der Erledigung ist aber eine Aufhebung, bzw. ein Erlass nicht mehr möglich, so dass ein Vorverfahren seinen Zweck nicht mehr erfüllen könnte und seinen Sinn verliert.

Auch würde die Feststellung der Rechtswidrigkeit lediglich durch die Widerspruchsbehörde dem Interesse des Betroffenen nicht gerecht. Dieser hat ein berechtigtes Interesse an einer gerichtlichen Feststellung.

Bei der Erledigung während des Widerspruchsverfahrens ist das Widerspruchsverfahren einzustellen und die Klage kann zulässig erhoben werden.

Umstritten ist, ob die **Klagefrist des § 74 VwGO** auf die FFK auch dann *analog anzuwenden* ist, wenn die Erledigung *vor* Klageerhebung stattgefunden hat.

Dafür spricht neben dem Gedanken der Rechtssicherheit, dass es sich bei der FFK eigentlich um eine umgestellte Anfechtungs- oder Verpflichtungsklage handelt und *die Erledigung des VA nicht zu einer Ausdehnung des Rechtsschutzes führen sollte.*

Dagegen spricht, dass bei Erledigung vor Klageerhebung kein so dringendes Bedürfnis nach Verfahrensbeschleunigung im Hinblick auf die Bestandskraft des VA besteht und Rehabilitationsinteresse, Wiederholungsgefahr und Schadensersatzansprüche fristunabhängig sind.

Ist man der Ansicht, dass auch bei Erledigung *vor* Klageerhebung § 74 VwGO analog zur Anwendung kommt, muss auch bei Erledigung vor Ablauf der Widerspruchsfrist die Klagefrist gemäß § 74 VwGO analog eingehalten werden.

Es stellt sich dann weiter die Frage, ob für den Beginn der Klagefrist *auf den Zeitpunkt des Erlasses* (bzw. der Ablehnung) oder *der Erledigung* des VA abzustellen ist. Nach dem Wortlaut des § 74 VwGO ist auf den Zeitpunkt des Erlasses abzustellen, sachgerechter erscheint die Anknüpfung an den Erledigungszeitpunkt.

Hinweis

Zu beachten ist dann, dass es sich bei FFK wegen der Erledigung **vor** Klageerhebung, häufig um Fälle handelt, bei denen der Erlass und die Erledigung (durch Vollzug bzw. Zeitablauf) zusammen fallen, so dass offen gelassen werden kann, auf welchen konkreten Zeitpunkt für den Fristbeginn abgestellt werden muss.

Auch ergehen diese VAe, gegen die wegen ihrer schnellen Erledigung typischerweise die FFK statthaft ist, regelmäßig *mündlich* und damit *ohne Rechtsbehelfsbelehrung*, so dass in diesen Fällen ohnehin die regelmäßig unproblematisch vorliegende Jahresfrist des § 58 II VwGO eingreifen würde.

Hauptzweck der Klagefrist ist das Erfordernis, dass ein erlassener VA oder die Ablehnung eines beantragten VA bestandskräftig werden muss. Erledigt sich der VA, fällt dieser Zweck weg. Lediglich das abstrakte Bedürfnis nach Rechtsklarheit rechtfertigt m.A.n. die mit der analogen Anwendung der Klagefrist verbundene Einschränkung des Rechtsschutzes nicht.

Folgt man dieser Ansicht und hält die Einhaltung einer Klagefrist bei Erledigung *vor* Klageerhebung für nicht erforderlich, muss geprüft werden, ob der Anspruch nicht möglicherweise *verwirkt* ist. Als Indiz für eine *Verwirkung* ist dann wiederum die Jahresfrist des § 58 II VwGO heranzuziehen, so dass sich im Ergebnis in der Regel nichts ändert.

c) Das Feststellungsinteresse

Gemäß § 113 I 4 VwGO ist ein **berechtigtes Interesse an der Feststellung der Rechtswidrigkeit** eine besondere Zulässigkeitsvoraussetzung der FFK.

Ein Feststellungsinteresse liegt bei jedem schutzwürdigen Interesse rechtlicher, wirtschaftlicher oder auch ideeller Art vor.

Man unterscheidet im Wesentlichen drei Anwendungsfälle:

Ein Feststellungsinteresse wegen **Wiederholungsgefahr** liegt vor, wenn sich eine *gleichartige* Verwaltungsentscheidung zu *wiederholen* droht.

Bsp.: *Da A, dessen Demonstration verboten wurde, in Zukunft die Durchführung ähnlicher Demonstrationen beabsichtigt, hat er an der Feststellung der Rechtswidrigkeit des Verbotes ein berechtigtes Interesse.*

Ein Feststellungsinteresse in Form eines **Rehabilitationsinteresses** liegt immer dann vor, wenn der VA selbst, seine Begründung oder die Umstände seines Zustandekommens (auch ungewollt) *diskriminierend* wirken.

Eine nicht unerhebliche Beeinträchtigung des Persönlichkeitsrechts, der Ehre bzw. der Menschenwürde begründet ein Feststellungsinteresse, wenn sie zum *Zeitpunkt der gerichtlichen Entscheidung noch fortwirkt* und *durch die gerichtliche Sachentscheidung ausgeglichen werden kann.*

Bsp.: *Abwertende Bewertungen in einer Beamtenbeurteilung.*

Auch die **Vorbereitung eines Amtshaftungsprozesses** (oder eines sonstigen zivilrechtlichen Schadensersatzprozesses) kann u.U. ein Feststellungsinteresse begründen.

Für einen Amtshaftungsanspruch aus Art. 34 GG, 839 BGB bedarf es einer Amtspflichtverletzung, die im Erlass eines rechtswidrigen VA liegen kann. Hat das Verwaltungsgericht einen VA für rechtswidrig erklärt, ist das Zivilgericht daran gebunden, so dass eine erfolgreiche FFK präjudizielle Wirkung hat.

Dabei ist aber zu beachten, dass es keinen Anspruch auf die Entscheidung des „sachnäheren Gerichts“ gibt. Die Durchführung von zwei Prozessen (zunächst vor dem Verwaltungsgericht und dann zusätzlich noch der Amtshaftungsprozess vor dem Zivilgericht) wäre nicht ökonomisch. Steht dem Betroffenen ein einfacherer und wirksamerer Weg zur Durchsetzung seines Rechtes zur Verfügung, nämlich sofort vor dem ordentlichen Gericht auf Amtshaftung zu klagen, fehlt es ihm am Rechtsschutzbedürfnis. Deshalb begründet die Vorbereitung eines Amtshaftungsprozesses jedenfalls dann kein Feststellungsinteresse, *wenn sich der VA vor Klageerhebung erledigt hat*!

Etwas anderes gilt aber dann, wenn sich der VA erst *nach Klageerhebung* erledigt hat: Denn dann wäre die Nichtberücksichtigung der bereits gewonnenen Erkenntnisse unökonomisch. Die Verneinung der Rechtswidrigkeit würde hier den Amtshaftungsprozess vor dem Zivilgericht sogar ganz verhindern. In diesem Fall besteht bei ernsthafter Absicht, in naher Zukunft einen nicht offensichtlich aussichtslosen Amtshaftungsprozess anstrengen zu wollen, ein berechtigtes Interesse an der Feststellung der Rechtswidrigkeit des VA als Voraussetzung für die Amtshaftung.

Allein der Umstand, dass ein Eingriff in Grundrechte vorliegt, genügt noch nicht zur Bejahung des besonderen Feststellungsinteresses. Denn wegen des weiten Schutzbereiches von Art. 2 I GG liefe ansonsten das Kriterium des berechtigten Interesses praktisch leer, da jeder belastende VA einen Eingriff in die Grundrechtssphäre des Bürgers darstellt.

Ein Feststellungsinteresse muss aber jedenfalls dann bejaht werden, wenn es sich um einen **erheblichen Grundrechtseingriff** handelt. Das Grundrecht auf effektiven Rechtsschutz gebietet es, dass der Betroffene in Fällen *tiefgreifender Grundrechtseingriffe* – auch wenn diese nicht mehr fortwirken – die Möglichkeit haben muss, die Rechtmäßigkeit oder Rechtswidrigkeit des Eingriffs gerichtlich klären lassen.

Insbesondere bei **sich typischerweise kurzfristig erledigenden VAen** (und vor allem bei polizeiliche Maßnahmen), würde eine Verneinung des Feststellungsinteresses bedeuten, dass die Rechtswidrigkeit solcher VAe praktisch *nie einer gerichtlichen Klärung* zugeführt werden könnten und man sich gegen rechtswidrige Grundrechtseingriffe, die sich unmittelbar erledigen, nicht wehren könnte. Das würde gegen das Grundrecht auf umfassenden Rechtsschutz verstoßen, vgl. Art. 19 IV S. 1 GG.

Bsp.: *Die Polizei spricht nach Auflösung einer Versammlung ein Platzverbot aus – Telefonüberwachung - Hausdurchsuchung.*

Vom BVerwG wird in diesen Fällen das Vorliegen eines Rehabilitationsinteresses festgestellt.

Hinweis

> Das Feststellungsinteresse der FFK entspricht dem der Allgemeinen Feststellungsklage nach § 43 I VwGO, vgl. 4. Kapitel.

3) Weitere Zulässigkeitsvoraussetzungen

Bzgl. der sonstigen (allgemeinen) Zulässigkeitsvoraussetzungen (Zuständigkeit des angerufenen Gerichts, ordnungsgemäße Klageerhebung, Beteiligten- und Prozessfähigkeit, Klagegegner, fehlende anderweitige Rechtskraft oder Rechtshängigkeit und allgemeines Rechtsschutzbedürfnis):

siehe die Ausführungen in VerwR 1, 3. Kapitel I 5.

II. Die Begründetheit der Fortsetzungsfeststellungsklage

1) Die Begründetheit der Anfechtungs-FFK

Nach § 113 I 4 VwGO (analog) ist die FFK begründet, soweit der erlassene VA rechtswidrig war und der Kläger dadurch in einem subjektiven Recht verletzt wurde.

Für die Frage der Begründetheit der FFK spielt es keine Rolle, ob sich der VA vor oder nach Klageerhebung erledigt hat.

Die FFK bei Erledigung des VA **vor oder nach Erhebung einer Anfechtungsklage** ist begründet, wenn der erlassenen VA rechtswidrig war und der Kläger dadurch in einem subjektiven Recht verletzt wurde.

Der für die Feststellung maßgebliche Zeitpunkt ist grundsätzlich der Zeitpunkt des Erlasses des VA.

Bezüglich der Frage der Rechtswidrigkeit und der Frage der subjektiven Rechtsverletzung: Siehe VerwR 1, 3. Kapitel II.

2) Die Begründetheit der Verpflichtungs-FFK

Nach § 113 I 4 analog ist die FFK begründet, soweit die Ablehnung des VA oder das Unterlassen der Entscheidung rechtswidrig war und der Kläger dadurch in seinen Rechten verletzt wurde.

Soweit zum Zeitpunkt der Erledigung Spruchreife vorlag, ist die FFK bei Erledigung **vor oder nach Erhebung einer Verpflichtungsklage** begründet, wenn ein Anspruch auf den Erlass des begehrten VA bestanden hat und der Kläger dadurch in einem subjektiven Recht verletzt wurde.

Bei fehlender Spruchreife zum Zeitpunkt der Erledigung ist die Verpflichtungs-FFK begründet, wenn der Kläger Anspruch auf erneute ermessensfehlerfreie Entscheidung hatte und deshalb in einem subjektiven Recht verletzt wurde.

Dabei ist bei der Beurteilung der Rechtswidrigkeit der Ablehnung (bzw. dem Unterlassen) und der Rechtsverletzung entweder auf den Zeitpunkt der Erledigung oder aber auf den Zeitpunkt unmittelbar vor der Änderung der Sach- oder Rechtslage abzustellen.

Bzgl. der Rechtswidrigkeit und der subjektiven Rechtsverletzung: Siehe 1. Kapitel II.

Hinweis

> Für die Begründetheitsprüfung der FFK gilt also das für die Anfechtungs- bzw. Verpflichtungsklage Gesagte entsprechend:
>
> Die FFK ist also immer dann begründet, wenn ohne Erledigung die Anfechtungs- oder Verpflichtungsklage begründet **gewesen wäre**.

Fall 4

Der Ausländer A beantragt eine gewerberechtliche Genehmigung, die am 4. April 2020 abgelehnt wurde, obwohl A alle Voraussetzungen erfüllte und die Behörde zum Erlass der Genehmigung verpflichtet gewesen wäre. Begründet wurde die Ablehnung damit, A wäre als Ausländer ohnehin nicht in der Lage und fähig, das angestrebte Gewerbe auszuüben. Am 1. Mai 2020 tritt eine Gesetzesänderung in Kraft, die die Voraussetzungen für die Genehmigungserteilung dergestalt verschärft, dass A die Voraussetzungen nun aus ganz anderen Gründen tatsächlich nicht mehr erfüllt. Am 4. Mai 2020 erhebt A Klage.

1. Welche Klage wäre hier statthaft?

2. Ist die Klage des A zulässig?

Lösungsvorschlag

1. Statthafte Klageart

A möchte sich hier gegen die Ablehnung der beantragten gewerberechtlichen Genehmigung wehren. Bei der Genehmigung handelt es sich um einen VA.

In Betracht kommt deshalb zunächst eine auf den Erlass der Genehmigung gerichtete Verpflichtungsklage.

Allerdings ist für die Frage der Begründetheit der Verpflichtungsklage der Zeitpunkt der letzten mündlichen Verhandlung entscheidend. Zu diesem Zeitpunkt ist das neue Gesetz bereits wirksam, so dass A keinen Anspruch mehr auf den Erlass der Genehmigung hat. Eine Verpflichtungsklage wäre deshalb unbegründet. Dass der Ablehnungsbescheid vom 4. April rechtswidrig war, spielt dabei keine Rolle.

In Betracht kommt deshalb nur eine auf die Feststellung der Rechtswidrigkeit der Ablehnung gerichtete Fortsetzungsfeststellungsklage. Dabei ist § 113 I S. 4 VwGO auf die Erledigung vor Erhebung einer Verpflichtungsklage analog anwendbar.

Im vorliegenden Fall hatte A zunächst einen Anspruch auf die beantragte Genehmigung. Aufgrund einer zwischenzeitlich erfolgten Gesetzesänderung besteht dieser Anspruch nun nicht mehr. Der Anspruch des A hat sich damit aufgrund einer Gesetzesänderung schon vor Klageerhebung erledigt. Statthafte Klageart ist damit die Fortsetzungsfeststellungsklage nach § 113 I S. 4 VwGO analog.

2. Zulässigkeit der Klage
Das Gewerberecht und damit auch die die Genehmigung regelnden Vorschriften sind dem öffentlichen Recht zuzuordnen. Es handelt sich deshalb um eine öffentlich-rechtliche Streitigkeit, so dass nach § 40 I VwGO der **Verwaltungsrechtsweg** eröffnet ist.

Statthafte Klageart ist hier die FFK nach § 113 I 4 VwGO analog, vgl. oben.

Durch die Ablehnung der Genehmigung könnte der A in seinem subjektiven Recht auf Erteilung der Genehmigung verletzt worden sein. A ist damit nach § 42 II VwGO analog **klagebefugt**.

Grundsätzlich müssen bei der FFK sämtliche besonderen Zulässigkeitsvoraussetzungen der Verpflichtungsklage vorliegen. Grundsätzlich ist ein Vorverfahren erforderlich. Da das Vorverfahren aber auf den Erlass des begehrten VA gerichtet ist und nach Erledigung der Erlass des VA jedoch nicht mehr möglich ist, verliert ein Vorverfahren in diesen Fällen seinen Sinn. Folgerichtig soll ein Vorverfahren daher ausnahmsweise dann entbehrlich sein, wenn die Erledigung schon vor Ablauf der Widerspruchsfrist eintritt.

Die Genehmigung wurde am 4. April abgelehnt, so dass die Widerspruchsfrist gemäß§ 70 VwGO am 4. Mai abläuft. Da hier die Erledigung aufgrund der Änderung der Rechtslage zum 1. Mai eingetreten ist, ist die Erledigung vor Ablauf der Widerspruchsfrist eingetreten, ein Vorverfahren war nicht erforderlich.

Allerdings muss die Klage nach § 74 I, II VwGO analog **fristgerecht** eingereicht werden. Fraglich ist hier, ob für den Beginn der Klagefrist auf den Zeitpunkt der Ablehnung oder der Erledigung des VA abzustellen ist.

Hier ist der Ablehnungsbescheid am 4. April zugegangen, so dass bei Abstellung auf die Ablehnung die Klagefrist nach §§ 57 II VwGO, 222 ZPO, 183 BGB grundsätzlich am 4. Mai ablaufen würde. Soweit auf den Zeitpunkt der Erledigung abgestellt wird, endet die Klagefrist am 1. Juni 2020.

Da die am 4. Mai eingereichte Klage damit auf jeden Fall fristgerecht erhoben wurde, kann es offen bleiben, auf welchen Zeitpunkt für den Fristbeginn abzustellen ist. Die Klage wurde damit fristgerecht erhoben.

Fraglich ist jedoch weiter, ob ein **berechtigtes Feststellungsinteresse** vorliegt.

Mit der Äußerung, A sei ohnehin nicht in der Lage und fähig, das angestrebte Gewerbe auszuüben, wurde A auch in seiner Ehre verletzt. In der Begründung der Ablehnung wurde A damit als Ausländer beleidigt und diskriminiert, so dass A ein berechtigtes Rehabilitationsinteresse hat.

Da die Genehmigung nur deshalb verweigert wurde, weil es sich beim Antragsteller um einen Ausländer handelt, ist die Begründung hier offensichtlich auch ausländerfeindlich. Es besteht hier die Gefahr, dass auch andere Anträge des A nur deshalb abgelehnt werden, weil er Ausländer ist. Ein berechtigtes Feststellungsinteresse ergibt sich deshalb auch wegen dem Vorliegen einer Wiederholungsgefahr.
Die Klage ist damit zulässig.

Wiederholungsfragen zum 2. Kapitel

1. Wann ist die FFK statthafte Klageart?	Die FFK nach § 113 I S. 4 VwGO ist statthaft, wenn sich der erlassene oder begehrte VA erledigt hat bzw. erledigt hätte und der Kläger die Feststellung der Rechtswidrigkeit begehrt.
2. Wann liegt Erledigung vor?	Erledigung liegt immer dann vor, wenn infolge einer Veränderung der Sach- oder Rechtslage der VA keine Rechtsfolgen mehr haben kann, insbesondere die mit ihm verbundene Beschwer entfallen ist.
3. Wann führt der Vollzug eines VA zur Erledigung?	Der Vollzug führt nur dann zur Erledigung, wenn er nicht mehr rückgängig gemacht werden kann. So erledigt sich beispielsweise die mit einer Durchsuchung konkludent erlassene Duldungsverfügung mit Beendigung der Durchsuchung.
4. Welche verschiedenen Fälle der FFK gibt es?	Es gibt die - FFK bei Erledigung des VA nach Erhebung der Anfechtungsklage, die - FFK bei Erledigung des VA vor Erhebung der Anfechtungsklage, die - FFK bei Erledigung nach Erhebung der Verpflichtungsklage und die - FFK bei Erledigung vor Erhebung der Verpflichtungsklage
5. Bei welchem Fall spricht man von einer doppelten Analogie und warum?	Bei der FFK bei Erledigung vor Erhebung einer Verpflichtungsklage. Weil § 113 I S. 4 VwGO direkt nur den Fall regelt, dass sich ein erlassener VA nach Erhebung einer Anfechtungsklage erledigt. Damit wird § 113 I S.4 VwGO zum einen analog auf den Fall angewendet, dass es sich nicht um einen bereits erlassenen, sondern vielmehr um einen begehrten VA handelt und zum anderen auf den Fall, dass Erledigung nicht nach, sondern bereits vor Klageerhebung eintritt.
6. Warum ist es entgegen dem Wortlaut des § 113 I S.4 VwGO für die Statthaftigkeit der FFK unerheblich, ob sich der angegriffene VA vor oder nach Klageerhebung erledigt?	Weil die Anfechtungsklage auf die Aufhebung eines VA gerichtet ist und ein erledigter VA, unabhängig davon, zu welchem Zeitpunkt er sich erledigt hat, nicht mehr aufgehoben werden kann.
7. Was genau erledigt sich bei der auf die Verpflichtungsklage analog angewendeten FFK?	Es erledigt sich der Anspruch auf den Erlass des VA (bzw. der Anspruch auf erneute fehlerfreie Ermessensentscheidung).

8. In welchen Fällen kann eine ursprünglich begründete Verpflichtungsklage unbegründet werden?	In den Fällen, wo ein zunächst bestehender Anspruch auf Erlass des VA wegen einer Änderung der Sach- oder Rechtslage entfallen ist.
9. Warum müssen in den Fällen der FFK, bei denen Erledigung nach Erhebung der Anfechtungs- oder Verpflichtungsklage eintritt, immer sämtliche besonderen Zulässigkeitsvoraussetzungen der Anfechtungs- oder Verpflichtungsklage vorliegen?	Weil die Erledigung niemals zur Zulässigkeit einer ursprünglich (zum Zeitpunkt der Klageerhebung) unzulässigen Klage führen darf.
10. Wann ist die FKK bei Erledigung vor Erhebung der Anfechtungs- oder Verpflichtungsklage wegen Ablauf der Widerspruchsfrist unzulässig und warum?	Das ist immer dann der Fall, wenn sich der VA erst nach Ablauf der Widerspruchsfrist erledigt hat und kein Widerspruch eingereicht wurde. Weil die Erledigung nicht zur Zulässigkeit einer ursprünglich unzulässigen Klage führen darf (in diesen Fällen wäre nämlich die vor der Erledigung statthafte Anfechtungs- oder Verpflichtungsklage wegen Fristablauf unzulässig).
11. Wann ist die Durchführung eines Vorverfahrens nicht mehr erforderlich und warum nicht?	Wenn sich der VA vor Ablauf der Widerspruchsfrist erledigt, weil eine Aufhebung des VA dann nicht mehr möglich ist und das Vorverfahren auf die Aufhebung des VA gerichtet ist.
12. Was spricht für die analoge Anwendung des § 74 VwGO?	Dass die Erledigung nicht zu einer Ausdehnung des Rechtsschutzes führen sollte.
13. Welche drei Hauptanwendungsfälle werden beim erforderlichen Feststellungsinteresse unterschieden?	Die Wiederholungsgefahr, das Rehabilitationsinteresse und die Vorbereitung eines Amtshaftungsprozesses.
14. Wann begründet die Vorbereitung eines Amtshaftungsprozesses kein berechtigtes Feststellungsinteresse und warum?	Dann, wenn die Erledigung schon vor Klageerhebung eintritt, weil die Durchführung von zwei Prozessen unökonomisch wäre und es keinen Anspruch auf ein „sachnäheres Gericht“ gibt.
15. Wann ist die FFK begründet?	Die FFK nach § 113 I 4 VwGO (analog) ist begründet, soweit der erlassene VA oder die Ablehnung des begehrten VA rechtswidrig war und der Kläger dadurch in einem subjektiven Recht verletzt wurde. Also immer dann, wenn eine Anfechtungs- oder Verpflichtungsklage begründet gewesen wäre.

3. Kapitel
Die allgemeine Leistungsklage

I. Die Zulässigkeitsvoraussetzungen der allgemeinen Leistungsklage

1) Die Klageart

a) Begehren eines Handelns, Duldens oder Unterlassens

Die allgemeine Leistungsklage nach § 43 II iVm § 40 I VwGO ist statthafte Klageart, wenn der Kläger ein Tun, Dulden oder Unterlassen begehrt und es nicht um den Erlass oder die Anfechtung eines VA geht.

Die allgemeine Leistungsklage ist in der VwGO zwar nicht ausdrücklich geregelt, die §§ 111, 113 IV und 169 II VwGO setzen aber Ihre Existenz voraus.
Als Rechtsgrundlage werden die §§ 43 II iVm § 40 I VwGO herangezogen.

Ist das Klagebegehren auf ein **Handeln, Dulden oder Unterlassen gerichtet** (der Kläger begehrt eine Leistung der Verwaltung), handelt es sich um eine Leistungsklage (im weiteren Sinn). Dabei wird die allgemeine Leistungsklage (im engeren Sinn) von der Verpflichtungsklage als speziellere Leistungsklage verdrängt, wenn es sich bei der begehrten Leistung um den Erlass eines VA handelt, vgl. 1. Kapitel.

Die allgemeine Leistungsklage ist also immer dann die richtige Klageart, wenn die Klage

- *auf ein Dulden oder Unterlassen* oder
- *auf die Vornahme einer Verwaltungsmaßnahme oder – handlung* gerichtet ist
- und es sich bei der begehrten Maßnahme oder Handlung *nicht* um den Erlass oder die Anfechtung eines VA handelt.

Im Gegensatz zu den bisher erörterten Klagearten, bei denen es immer um begehrtes oder angegriffenes Verwaltungshandeln in Form eines VA gegangen ist, kommen hier mit Ausnahme des Erlasses von Rechtsnormen grundsätzlich *sämtliche sonstigen Verwaltungshandlungen* als begehrte Verwaltungsmaßnahme in Betracht.

Hinweis

Die VA-Eigenschaft der jeweiligen Maßnahme oder Handlung ist dabei für die Abgrenzung zwischen Verpflichtungs- und allgemeiner Leistungsklage entscheidend: Bei der allgemeinen Leistungsklage geht es im Gegensatz zur Verpflichtungsklage nicht um einen VA, sondern regelmäßig um schlichtes Verwaltungshandeln. In Betracht kommende Maßnahmen sind dabei neben Realakten auch öffentlich-rechtliche WE, innerdienstliche Rechtsakte und sonstige Regelungen, die nicht auf Außenwirkung gerichtet sind.

Bsp.: *Der Kläger begehrt die Zahlung von Geld, d. h. die Erfüllung einer Verpflichtung aus VA (beispielsweise Subventionsbewilligungsbescheid), öffentlich-rechtlichem Vertrag oder einem Entschädigungsanspruch.*

Der Kläger begehrt die Herausgabe einer beschlagnahmten Sache, die Erteilung von Auskünften und anderen Informationen.

Der Kläger begehrt den Widerruf einer ehrkränkenden Äußerung

Hinweis

Soweit der Kläger **schlichtes Verwaltungshandeln** begehrt oder sich gegen ein solches wehrt, ist regelmäßig problematisch, ob es sich bei diesem Verwaltungshandeln *überhaupt um eine öffentlich-rechtliche Maßnahme* der Verwaltung handelt. Handelt es sich nämlich um eine privatrechtliche Maßnahme, kann diese natürlich nicht mittels der (verwaltungsgerichtlichen) allgemeinen Leistungsklage begehrt oder angegriffen werden. Denn dann handelt es sich nicht um eine öffentlich-rechtliche Streitigkeit, so dass der Verwaltungsrechtsweg erst gar nicht eröffnet ist,

vgl. VerwR 1, 2. Kapitel unter 2.

Das schlichte öffentlich-rechtliche Verwaltungshandeln muss also vom privatrechtlichen Verwaltungshandeln abgegrenzt werden!

Fraglich ist, ob eine auf den **Erlass oder die Aufhebung einer Rechtsnorm gerichtete allgemeine Leistungsklage** zulässig ist.

In den meisten Fällen, in denen es um die „Aufhebung" von Rechtsnormen geht, handelt es sich ohnehin schon um verfassungsrechtliche Streitigkeiten, für die der Verwaltungsrechtsweg erst gar nicht eröffnet ist.

Denn für die *„Aufhebung"* von nachkonstitutionellen formellen Gesetzen hat das Bundesverfassungsgericht das Verwerfungsmonopol, für untergesetzliche Rechtsnormen beinhaltet § 47 VwGO eine abschließende Regelung.

Im Übrigen sind rechtswidrige Rechtsnormen immer *nichtig*, so dass sie deshalb auch nicht aufgehoben werden können. Allenfalls kommt eine auf die Feststellung der Nichtigkeit der Rechtsnorm gerichtete allgemeine Feststellungsklage in Betracht.

Bei einer auf den **Erlass einer Rechtsnorm gerichteten Klage** (sog. **Normenerlassklage**) kommt es zu Konflikten mit dem Grundsatz der Gewaltenteilung, nach dem die Judikative die Legislative (und auch die Exekutive) grundsätzlich nicht zum Erlass von Rechtsnormen verpflichten kann.

Aufgrund Art. 19 IV GG, der umfassenden Rechtsschutz garantiert, ist aber nach richtiger Ansicht von der grundsätzlichen Zulässigkeit einer auf den *Erlass einer Rechtsnorm* gerichteten allgemeinen Leistungsklage auszugehen. Der Grundsatz der Gewaltenteilung führt dann allerdings regelmäßig dazu, dass eben kein Anspruch auf Erlass der begehrten Rechtsnorm besteht. Sofern die Klagebefugnis und das allgemeine Rechtsschutzbedürfnis im konkreten Fall bejaht werden können, ist die Klage zwar zulässig, aber mangels Anspruchs unbegründet.

Hinweis

Eine andere Meinung ist der Auffassung, dass sich bezüglich untergesetzlicher Rechtsnormen (also soweit es um Rechtsverordnungen und Satzungen geht) die Zulässigkeit aus § 47 VwGO analog ergibt. Eine dritte Ansicht hält in diesen Fällen eine (auf die Feststellung, dass ein Anspruch besteht, gerichtete) Feststellungsklage für statthaft.

Exkurs: Das verwaltungsgerichtliche Normenkontrollverfahren nach § 47 VwGO

Da gegen höherrangiges Recht verstoßende Rechtsnormen nichtig sind, können sie streng genommen gar nicht aufgehoben werden, sondern es kann lediglich ihre Ungültigkeit (Nichtigkeit) festgestellt werden.

Jedes Gericht hat das Recht und die Pflicht, eine Rechtsnorm, auf die es im Verfahren ankommt, auf ihre formelle und materielle Gültigkeit hin zu überprüfen, vgl. Art. 100 I GG.

Dieses **richterliche Prüfungsrecht** ist aber vom **richterlichen Verwerfungsrecht** zu unterscheiden.

Gemäß § 100 I GG hat *das BVerfG für nachkonstitutionelle, formelle Gesetze das Verwerfungsmonopol*. Die Gerichte sind nicht befugt, diese Rechtsnormen für nichtig zu erklären, sondern müssen - soweit sie eine für die Entscheidung maßgebliche Rechtsnorm für verfassungswidrig (und damit nichtig) halten - das Verfahren aussetzen und die Entscheidung über die Frage der Nichtigkeit dem Landes- oder Bundesverfassungsgericht überlassen (ansonsten könnte jeder Richter ein vom Parlament geschaffenes Gesetz verwerfen), § 100 I GG.

Für Verfahren, bei denen die Frage der Gültigkeit einer Rechtsnorm Gegenstand des Verfahrens ist (sog. **prinzipale Normenkontrolle** im Gegensatz zur inzidenten Normenkontrolle, bei der innerhalb eines Verfahrens inzident die Gültigkeit von Rechtsnormen geprüft wird), ist gemäß § 93 I Nr. 2 GG grundsätzlich das Verfassungsgericht zuständig.

Nur ausnahmsweise sind auch die Verwaltungsgerichte zur Entscheidung über die Gültigkeit von (nicht formellen) Rechtsnormen befugt: Im Rahmen eines sog. **Normenkontrollverfahrens.**

Dieses verwaltungsrechtliche Normenkontrollverfahren wird in § 47 VwGO geregelt. Danach kann die verwaltungsrechtliche Normenkontrolle *nur gegen Satzungen, die nach den Vorschriften des BauGB erlassen worden sind, sowie gegen Rechtsverordnungen aufgrund § 246 II BauGB und gegen Rechtsverordnungen, soweit das Landesrecht dies bestimmt*, eingesetzt werden. Das gesamte Bundesrecht scheidet hier folglich aus.

Sachlich zuständig sind gemäß § 47 I VwGO ausschließlich die Oberverwaltungsgerichte (bzw. Verwaltungsgerichtshöfe, vgl. § 184 VwGO).

Im Übrigen ist beim Normenkontrollverfahren insbesondere zu beachten, dass zwar gemäß § 47 II VwGO die Möglichkeit einer subjektiven Rechtsverletzung des Klägers Zulässigkeitsvoraussetzung ist. Das dient aber ausschließlich zum Ausschluss von Popularklagen (entsprechend § 42 II VwGO). Im Gegensatz zu § 113 I VwGO kommt es in der Begründetheit deshalb nicht mehr auf eine subjektive Rechtsverletzung an. Wird die Nichtigkeit festgestellt, ist der Normenkontrollantrag begründet, unabhängig vom tatsächlichen Vorliegen einer subjektiven Rechtsverletzung.

Auch die Klage auf Unterlassung des Erlasses eines VA ist grundsätzlich unzulässig, da der Rechtsschutz gegen VA in der VwGO abschließend geregelt ist. Dem Adressaten des künftigen VA kann es idR zugemutet werden, den Erlass des VA abzuwarten und sich dann mittels Widerspruchs und Anfechtungsklage dagegen zu wehren. Denn die damit idR verbundene aufschiebende Wirkung (Suspensiveffekt) gewährleistet regelmäßig ausreichenden Rechtsschutz.

Eine solche auf die Unterlassung des Erlasses eines VA gerichtete Unterlassungsklage ist allerdings dann ausnahmsweise zulässig, wenn mit dem Erlass des VA unumkehrbare oder unzumutbare Rechtsverletzungen eintreten können und ein Abwarten aus diesem Grund gerade nicht mehr zumutbar ist.

Hinweis

In diesen Fällen kommt auch eine allgemeine Feststellungsklage in Betracht,
vgl. 4. Kapitel, I 1a.

b) Abgrenzungsprobleme

Abgrenzung zur Verpflichtungs- und Anfechtungsklage

Die **Verpflichtungsklage** ist vorrangig, wenn
- direkt der Erlass eines VA begehrt wird und auch dann, wenn
- die verlangte Leistung *ihre Grundlage in einem VA findet* und ein VA noch nicht vorliegt.

Die Verpflichtungsklage ist also insbesondere auch dann vorrangig, wenn es dem Kläger zwar letztlich um ein schlichtes Verwaltungshandeln geht, *dieses schlichte Verwaltungshandeln aber nur aufgrund eines erlassenen VA möglich ist.* Das ist immer dann der Fall, wenn sich der Rechtsgrund und die Rechtmäßigkeitsvoraussetzungen des schlichten Verwaltungshandelns aus einem vorgeschalteten VA ergeben.

Bsp.: *Derjenige, der eine Subventionszahlung (= Realhandeln) vom Staat begehrt, muss zunächst auf den Erlass eines Bewilligungsbescheides klagen, aus dem sich dann ein Zahlungsanspruch gegen den Staat ergibt. Nur wenn der Staat sich trotz Bewilligungsbescheid weigert, die bewilligte Subvention tatsächlich zu gewähren, ist die auf Zahlung gerichtete allgemeine Leistungsklage statthaft.*

Die **Anfechtungsklage** ist vorrangig, wenn
- sich der Kläger direkt gegen den Erlass eines VA wehren will und auch dann, wenn
- das Verwaltungshandeln, dessen Abwehr verlangt wird, *seine Grundlage in einem VA findet.*

Die Anfechtungsklage ist also insbesondere auch dann vorrangig, wenn es dem Kläger zwar letztlich um die Abwehr eines schlichten Verwaltungshandelns geht, *dieses aber seine Grundlage in einem VA findet.*

Bsp.: *Will sich der Kläger gegen Immissionen (Lärm, Gestank, ...) wehren, die von Verkehrs- oder anderen Projekten ausgehen, die einer Genehmigung bedürfen, muss er zunächst den das Projekt genehmigenden VA anfechten.*

Vgl. hierzu auch 1. Kapitel I 1 b.

Hinweis

> Die Abgrenzung des VA von anderen Formen des Verwaltungshandelns entscheidet deshalb oft auch über die Abgrenzung der Anfechtungs- bzw. Verpflichtungsklage von der Leistungsklage. Dabei geht es regelmäßig entweder um die Frage, ob die begehrte Maßnahme eine Regelung darstellt oder nicht (vgl. VerwR 1, 3. Kapitel I 1a), oder aber um die Frage, ob die angegriffene oder begehrte Handlung ihre Grundlage in einem VA findet.

Hinweis

> Da von der richtigen Klageart insbesondere auch die besonderen Zulässigkeitsvoraussetzungen abhängen, ist die Frage der richtigen Klageart möglicherweise entscheidend dafür, ob eine Klage überhaupt noch zulässig ist oder nicht. Das ist z.B. der Fall, wenn die Anfechtungsklage mangels Widerspruchsverfahrens oder wegen Ablauf der Klagefrist unzulässig, die Leistungsklage dagegen mangels Klagefrist praktisch jederzeit zulässig wäre, vgl. weiter unten.

Einzelfälle

Geht es um die **Erteilung von Auskünften**, ist zu differenzieren:
Grundsätzlich ist die allgemeine Leistungsklage statthaft, da normalerweise eine Auskunftserteilung (als Mitteilung von Tatsachen) keine rechtsfolgenbegründende Regelung enthält und es sich deshalb nicht um einen VA handelt,

vgl. hierzu auch VerwR 1, 3.Kapitel I 1 a.

Allerdings ist die Verpflichtungsklage dann statthaft, wenn der Auskunftserteilung ein VA vorgeschaltet ist.

Das kann dann der Fall sein, wenn die Verwaltung zunächst *entscheiden muss*, ob (und in welchem Umfang) die begehrte Auskunft erteilt wird oder nicht. Handelt es sich bei dieser Entscheidung nicht lediglich um eine behördeninterne Vorbereitungshandlung, sondern um die komplexe Entscheidung, ob ein Anspruch auf Auskunftserteilung besteht oder ob Verweigerungsgründe vorliegen, ist in dieser Entscheidung ein VA zu sehen. Denn die Entscheidung regelt, ob die begehrte Auskunft erteilt wird (werden muss) oder nicht, so dass es sich bei der Entscheidung um eine Regelung mit Außenwirkung handelt. Die Klage ist dann auf eine positive Entscheidung und damit auf den Erlass eines der begehrten Auskunftserteilung (als Realakt) vorgeschalteten VA zu richten.

Nach der sog. **„Schwerpunkttheorie“** ist für die Abgrenzung zwischen Verpflichtungs- und allgemeiner Leistungsklage entscheidend, ob der rechtliche Schwerpunkt des behördlichen Handelns in der Auskunftserteilung (kein VA) oder in der Entscheidung über das „ob“ und den Umfang der Auskunftserteilung (VA) liegt.

Bsp.: *Nachdem A erfahren hat, dass sein Telefon vom Bundesamt für Verfassungsschutz abgehört wurde, möchte er wissen, wie es dazu kam und welche Informationen der Verfassungsschutz über ihn gesammelt hat. Sein Antrag auf Auskunftserteilung bezüglich aller über ihn gespeicherter Informationen wurde abgelehnt. Der von A geltend gemachte Anspruch ergibt sich aus § 15 I BVerfSchG. Im Rahmen des § 15 II BVerfSchG ist für den Auskunftsanspruch zu prüfen, ob Verweigerungsgründe vorliegen. Es handelt sich somit um eine komplexe Entscheidung, die auch die*

Auslegung von Rechtsbegriffen erfordert, so dass es sich bei dieser Entscheidung um einen VA handelt. Die Behörde muss nämlich entscheiden, ob der geltend gemachte Anspruch besteht oder nicht, die Entscheidung hat damit Regelungscharakter und Außenwirkung. Richtige Klageart ist damit die Verpflichtungsklage.

Bei der **Gewährung von Akteneinsicht** stellt sich ebenso die Frage, ob auf die Gewährung der Akteneinsicht selbst (kein VA) oder auf die vorhergehende Behördenentscheidung (VA) abzustellen ist. Liegt der Schwerpunkt auf der Entscheidung über den Antrag auf Gewährung von Einsicht, ist die allgemeine Leistungsklage unzulässig.

Zu beachten ist hier insbesondere, dass es sich bei einer ablehnenden Entscheidung über den Antrag auf Akteneinsicht *innerhalb eines Verwaltungsverfahrens nach § 9 VwVfG* um eine Verfahrenshandlung iSv 44a S.1 VwGO handelt, so dass in diesen Fällen eine selbständige Klage unzulässig ist.

Das gleiche gilt in den Fällen, wo ein Anspruch auf **Herausgabe oder Vernichtung bestimmter Unterlagen** geltend gemacht wird.

Geht es um die **Geltendmachung von Zahlungsansprüchen**, ist für die allgemeine Leistungsklage Voraussetzung, dass ein unmittelbarer Zahlungsanspruch bereits besteht. Geht es hingegen um die Frage, ob ein Zahlungsanspruch besteht oder nicht und damit um den Erlass eines Bewilligungsbescheides (in dem die Behörde den Zahlungsanspruch erst festlegt), ist die Verpflichtungsklage statthaft.

Bei den sog. **Folgenbeseitigungsansprüchen** (vgl. hierzu sogleich unter II) ist die Abgrenzung zur Verpflichtungsklage problematisch, wenn die Beseitigung der Folgen selbst zwar einen Realakt darstellt, zur Beseitigung der Folgen aber gegenüber einem Dritten ein VA erlassen werden muss.

Bsp.: *Eine obdachlos gewordene Familie wurde in eine leerstehende Wohnung durch die Gemeinde (gegen den Willen des Eigentümers) zwangseingewiesen. Nach Zeitablauf der bestandskräftig gewordenen Wohnungsbeschlagnahme möchte der Eigentümer die Wohnung wiederbekommen. Die Herausgabe selbst stellt einen Realakt dar, allerdings kann die Gemeinde die Wohnung an den Eigentümer erst herausgeben, wenn sie von den Eingewiesenen geräumt wurde. Hierfür muss die Gemeinde zunächst gegenüber der eingewiesenen Familie eine Räumungsverfügung erlassen.*

In diesen Fällen ist ausnahmsweise die Verpflichtungsklage die statthafte Klageart. Wenn das *Begehren des Klägers notwendig den Erlass eines VA gegenüber einem Dritten voraussetzt*, begehrt der Kläger den Erlass dieses VA. Damit ist hier ausschließlich die auf den Erlass eines VA gerichtete Verpflichtungsklage richtige Klageart.

Bsp.: *Wenn der durch den VA gedeckte Beschlagnahmungszeitraum abgelaufen ist, ist die Gemeinde zur Herausgabe der Wohnung verpflichtet. Hierfür muss sie die Wohnung räumen. Dies wiederum stellt die Vollstreckung einer gegenüber den Bewohnern erlassenen Räumungsverfügung dar. Die Klage ist damit auf den Erlass dieser Räumungsverfügung zu richten.*

Hat die Behörde dagegen die erforderliche Räumungsverfügung bereits erlassen und geht es dem Kläger nunmehr darum, die Behörde zur Vollstreckung dieser Verfügung zu zwingen, ist die allgemeine Leistungsklage statthaft. Denn hierbei handelt es sich um ein schlichtes Verwaltungshandeln (Räumung durch unmittelbaren Zwang als Realakt).

Hinweis

In der **Klausur** geht es innerhalb der Prüfung der statthaften Klageart regelmäßig um die Frage, ob es sich bei der begehrten Verwaltungsmaßnahme um einen VA handelt oder nicht, bzw. ob ihr ein VA vorgeschaltet ist. Wehrt sich der Kläger gegen ein Verwaltungshandeln, geht es ebenfalls um die Frage, ob es sich bei diesem Verwaltungshandeln um einen VA handelt, bzw. ob es seine Grundlage in einem VA findet. Die Abgrenzung des VA von anderen möglichen Verwaltungshandlungen, bzw. die Kenntnis darüber, welchen Handlungen ein (oft auch konkludenter) VA vorgeschaltet ist, ist hier entscheidend für die Wahl der richtigen Klageart und damit auch für die Frage der sonstigen Zulässigkeitsvoraussetzungen (vgl. oben).

Vgl. deshalb hierzu unbedingt VerwR 1, 3. Kapitel I 1.

c) Die verschiedenen Arten der allgemeinen Leistungsklage

Je nach Klagebegehren lässt sich bei der allgemeinen Leistungsklage zwischen
- Vornahmeklage und
- Abwehrklage

unterscheiden.

Von einer **Vornahmeklage** spricht man dann, wenn der Kläger die *Vornahme eines begünstigenden schlichten Verwaltungshandelns begehrt*. Der Kläger macht also einen Leistungsanspruch auf Vornahme einer begünstigenden Maßnahme geltend.

Bsp.: *Der Kläger begehrt die Erteilung einer Auskunft - Der Kläger begehrt die Gewährung von Akteneinsicht - Der Kläger begehrt die Zahlung eines Geldbetrages.*

Hinweis

Bei der Vornahmeklage ist regelmäßig die Abgrenzung zur Verpflichtungsklage problematisch, vgl. unter b).

Von einer **Abwehrklage** spricht man dann, wenn der Kläger sich *gegen ein bestimmtes Verwaltungshandeln oder einen bestimmten Zustand wehren will.* Der Kläger macht also einen Abwehranspruch gegen die Verwaltung geltend. Dieser ist auf die Abwehr oder die Beseitigung eines faktischen Zustandes gerichtet. Dabei kommen als Abwehransprüche Unterlassungs- oder Beseitigungsansprüche in Betracht.

Bsp.: *Der Kläger wehrt sich gegen die Aufstellung eines Altglascontainers vor seinem Wohnhaus.*

Der Kläger verlangt den Widerruf einer ehrverletzenden Äußerung.

Der Kläger begehrt die Beseitigung einer rechtswidrigen Einbeziehung seines Grundstückes in die erfolgte Straßenverbreiterung.

Von einem **schlichten Abwehr- oder Unterlassungsanspruch** spricht man, wenn sich der Kläger gegen *eine bereits vorliegende Beeinträchtigung* wehrt, von einem sog. **vorbeugenden Unterlassungsanspruch** dann, wenn der Kläger ein *künftiges Verwaltungshandeln verhindern will.* Hier soll ein erstmals drohender Eingriff verhindert werden, vgl. hierzu unter II 2.

Bsp.: *Einen schlichten Abwehr- oder Unterlassungsanspruch macht der Kläger geltend, wenn er sich gegen die durch einen benachbarten Spielplatz verursachte Lärmbelästigung wehrt.*

Einen vorbeugenden Unterlassungsanspruch macht der Kläger geltend, der sich schon vor der beabsichtigten Aufstellung eines Altglascontainers vor seinem Wohnhaus wehrt.

Hinweis

Bei der Abwehrklage ist häufig die Abgrenzung zur Anfechtungsklage problematisch, vgl. unter b).

Daneben ist je nach Klägerbegehren zwischen dem Anspruch auf Beseitigung eines rechtswidrigen Zustandes (Folgenbeseitigungsanspruch) und einem auf (zukünftiges) Unterlassen gerichteten Anspruch (Unterlassungsanspruch) zu unterscheiden, vgl. unter II.

Hinweis

Die Begriffe Vornahme- und Abwehrklage, Beseitigungs-, Abwehr- oder Unterlassungsanspruch werden teilweise uneinheitlich verwendet. So wird unter einer Vornahmeklage teilweise auch jede allgemeine Leistungsklage verstanden, die auf ein positives Tun gerichtet ist. Wichtig ist aber nicht die Bezeichnung, sondern die Frage, ob im konkreten Fall die Geltendmachung eines Folgenbeseitigungsanspruches oder eines schlichten oder eines vorbeugenden Unterlassungsanspruches richtig ist, sprich welche Anspruchsgrundlage einschlägig ist, vgl. hierzu unter II.

2) Die Klagebefugnis

Zwar verlangt § 42 II VwGO das Vorliegen einer Klagebefugnis ausschließlich für die Anfechtungs- und Verpflichtungsklage. Aufgrund des Sinns und Zwecks der Vorschrift, Popularklagen auszuschließen, ist § 42 II VwGO aber nach überwiegender Ansicht auf *alle* Klagearten analog anzuwenden.

Gemäß § 42 II VwGO *analog* muss der Kläger deshalb geltend machen, *durch das Unterlassen des begehrten Tuns, Duldens oder Unterlassens in seinen Rechten verletzt zu sein.* Die Möglichkeit einer solchen Rechtsverletzung ist immer dann gegeben, wenn dem Kläger möglicherweise ein Anspruch auf die begehrte Verwaltungshandlung, -duldung oder Unterlassung zusteht.

Vgl. hierzu VerwR 1, 3. Kapitel I 2 und oben 1. Kapitel I 2.

Hinweis

Die im Rahmen der allgemeinen Leistungsklage begehrte Leistung kann insbesondere auch in einem Unterlassen liegen. In diesem Fall macht der Kläger geltend, dass er durch das „Unterlassen der Unterlassung" in seinen Rechten verletzt wird.

3) Das besondere Rechtsschutzbedürfnis

Bei der gegen ein zukünftiges Verwaltungshandeln gerichteten **vorbeugenden Unterlassungsklage** muss auf das Vorliegen eines Rechtsschutzbedürfnisses besonders geachtet werden. Grundsätzlich ist der verwaltungsrechtliche Rechtsschutz nach der VwGO auf eine nachträgliche Kontrolle des Verwaltungshandelns gerichtet. Ein vorbeugendes Rechtsschutzbegehren erfordert deshalb ein *qualifiziertes Rechtsschutzbedürfnis* (im Gegensatz zum allgemeinen Rechtsschutzbedürfnis, das immer vorliegen muss). Daran fehlt es, wenn der Betroffene auf nachträglichen Rechtsschutz verwiesen werden kann.

Ein qualifiziertes Rechtsschutzbedürfnis setzt voraus, dass eine *Rechtsverletzung akut droht* und dass nachträglicher Rechtsschutz dem berechtigten Interesse des Betroffenen nicht gerecht wird.

Die vorbeugende Unterlassungsklage ist damit dann zulässig,

- wenn *eine Beeinträchtigung bereits stattgefunden hat und weitere Beeinträchtigungen drohen (Wiederholungsgefahr)*, oder aber
- wenn eine Beeinträchtigung erstmals *akut droht.* Die lediglich abstrakte Möglichkeit, dass das befürchtete Verwaltungshandeln bevorsteht, begründet noch kein ausreichendes Rechtsschutzbedürfnis.

- wenn durch *nachträglichen* Rechtsschutz die rechtsbeeinträchtigenden Wirkungen *nicht oder nicht in vollem Umfang abgewehrt werden können.*

***Bsp.**: Nach einer erfolgten ehrkränkenden Äußerung eines Beamten kommt ein auf die Unterlassung solcher Äußerungen gerichteter vorbeugender Unterlassungsanspruch (neben den auf Widerruf gerichteten FBA, vgl. unten) in Betracht, wenn die Gefahr besteht, dass der Beamte erneut eine solche Äußerung beabsichtigt oder sich wiederholt schon in dieser Richtung geäußert hat. Durch den Widerruf allein kann die erfolgte Rechtsbeeinträchtigung nicht in vollem Umfang abgewehrt werden.*

Die Gemeinde plant die Aufstellung von Altglascontainern, wobei der Platz vor dem Haus des A neben zwei weiteren zur engeren Auswahl steht.

Bei Klagen, die auf **Unterlassung des Erlasses eines VA gerichtet** sind, fehlt es idR am Rechtsschutzbedürfnis, da hier nach Erlass des VA Widerspruch und Anfechtungsklage (mit Suspensiveffekt) zur Verfügung stehen.

Ausnahmsweise ist die gegen den Erlass eines zukünftigen VA gerichtete allgemeine Leistungsklage wegen des Vorliegens eines besonderen Rechtsschutzbedürfnisses zulässig, wenn ausnahmsweise das *Abwarten auf den Erlass des VA unzumutbar ist,* weil mit dem Erlass des VA unumkehrbare oder unzumutbare Rechtsverletzungen eintreten können.

4) Sonstige Zulässigkeitsvoraussetzungen

Auch bei der Leistungsklage ist (wie bei der Verpflichtungsklage) erforderlich, dass die begehrte Leistung *zunächst beantragt worden ist* und dass dieser **Antrag** von der Behörde *abgelehnt oder nicht beschieden* worden ist.

Ein **Widerspruchsverfahren** ist mit Ausnahme der beamtenrechtlichen Leistungsklage (vgl. § 126 III BRRG) *nicht* erforderlich.

Auch gibt es *keine* **Klagefrist**.

Hinweis

Deshalb ist in der **Klausur** die Wahl der richtigen Klageart für die Zulässigkeitsprüfung entscheidend.

Ansonsten müssen wie bei allen Klagen die **allgemeinen Zulässigkeitsvoraussetzungen** (Zuständigkeit des angerufenen Gerichts, ordnungsgemäße Klageerhebung, Beteiligten- und Prozessfähigkeit, Klagegegner, fehlende anderweitige Rechtskraft oder Rechtshängigkeit und allgemeines Rechtsschutzbedürfnis) vorliegen.

Vgl. hierzu die Ausführungen in VerwR 1, 3. Kapitel I 5.

Wiederholungsfragen zum 3. Kapitel Teil 1

1. In welchen Fällen ist die allgemeine Leistungsklage statthafte Klageart?	Die allgemeine Leistungsklage nach § 43 II VwGO ist statthafte Klageart, wenn der Kläger ein Tun, Dulden oder Unterlassen begehrt und es nicht um den Erlass oder die Aufhebung eines VA geht.
2. Bei der allgemeinen Leistungsklage kommen als begehrte Verwaltungsmaßnahmen außer VA grundsätzlich sämtliche sonstigen Verwaltungshandlungen in Betracht. Um welche Art von Verwaltungshandeln geht es dabei meistens?	Meistens geht es um schlichtes Verwaltungshandeln, also um Realakte.
3. Welche Verwaltungshandlungen können allerdings idR auch nicht mit der allgemeinen Leistungsklage begehrt werden?	Die Aufhebung einer Rechtsnorm und die Unterlassung des Erlasses eines VA.
4. In welchen Fällen ist die Verpflichtungsklage statthaft, obwohl es dem Kläger eigentlich um ein schlichtes Verwaltungshandeln geht?	Die Verpflichtungsklage ist dann vorrangig, wenn das schlichte Verwaltungshandeln seine Grundlage in einem VA findet, was insbesondere immer dann der Fall ist, wenn das schlichte Verwaltungshandeln einen erlassenen VA (als Rechtmäßigkeitsvoraussetzung) voraussetzt.
5. In welchen Fällen kann die Abgrenzung zur Anfechtungsklage problematisch sein?	In den Fällen, wo es eigentlich um die Abwehr eines schlichten Verwaltungshandelns geht, dieses aber seine Grundlage in einem oft nur konkludent erlassenen VA findet.
6. Warum ist die Wahl der richtigen Klageart unter anderem so wichtig?	Von der Klageart hängen die besonderen Zulässigkeitsvoraussetzungen ab. So ist bei der allgemeinen Leistungsklage kein Vorverfahren erforderlich und es gibt keine Klagefrist.

II. Die Begründetheit der allgemeinen Leistungsklage

Die allgemeine Leistungsklage ist begründet, wenn ein Anspruch auf das verlangte Tun, Dulden oder Unterlassen besteht.

Auch bei der allgemeinen Leistungsklage ist zunächst die **Passivlegitimation** des Beklagten festzustellen, also zu klären, ob der geltend gemachte Anspruch auch gerade gegen den Beklagten besteht.

Vgl. hierzu 1. Kapitel II 1.

1) Der Anspruch auf die geltend gemachte Verwaltungshandlung

Es ist zu klären, ob der geltend gemachte öffentlich-rechtliche Anspruch auf ein Tun, Dulden oder Unterlassen besteht.

Dabei ist auch hier Voraussetzung für das Bestehen des Anspruches eine **Anspruchsgrundlage**.

Im Gegensatz zu den bisher erörterten Klagearten, bei denen als Anspruchs- bzw. Ermächtigungsgrundlage (für den Erlass oder die Aufhebung eines VA) in den allermeisten Fällen nur Rechtsnormen in Betracht kommen, kommen bei der allgemeinen Leistungsklage *auch andere Anspruchsgrundlagen in Betracht.*

Als Anspruchsgrundlage kommen dabei namentlich *Rechtsnormen, VAe, öffentlich-rechtliche Verträge (oder sonstige Rechtsgeschäfte) und öffentlich-rechtliche Zusicherungen* in Betracht.

Bsp.: *Der Anspruch auf Auszahlung einer bewilligten Subvention ergibt sich aus dem Bewilligungsbescheid. Dieser VA ist damit die Anspruchsgrundlage für den Zahlungsanspruch.*

Hat sich die Behörde in einem öffentlich-rechtlichen Vertrag zur Anbindung eines Grundstückes an die Wasserversorgung verpflichtet, ist dieser Vertrag die Anspruchsgrundlage für den Anspruch auf Anbindung des Grundstücks.

Soweit das Sozialamt gegenüber einem Vermieter zusagt, die Zahlung der Miete für einen sozialhilfebedürftigen Mieter zu übernehmen (sog. Mietübernahmeerklärung), handelt es sich dabei regelmäßig um eine öffentlich-rechtliche Zusage als sonstiges öffentlich-rechtliches Rechtsgeschäft. Aus dieser Zusage ergibt sich dann ein direkter Anspruch des Vermieters gegen den Sozialhilfeträger auf Zahlung der Miete.

Daneben kann sich ein Anspruch auf die geltend gemachte Verwaltungshandlung oder –maßnahme aber auch aus einem *sonstigen, nach öffentlich-rechtlichen Normen relevanten Verhalten (idR Realakte oder Unterlassen)* der Verwaltung ergeben.

Als Anspruchsgrundlage kommt in diesen Fällen
- ein sog. **Folgenbeseitigungsanspruch** oder
- ein sog. **Abwehr- bzw. Unerlassungsanspruch** in Betracht, vgl. unter 2.

Bsp.: *Begehrt der Kläger den Widerruf einer ehrkränkenden Äußerung eines Beamten (Realakt), stellt die ehrkränkende Äußerung das relevante Verwaltungshandeln dar, aus dem sich dann ein sog. Folgenbeseitigungsanspruch (in Form eines Widerrufsanspruchs) ergeben kann.*

Der Kläger will sich gegen das Aufstellen eines Altglascontainers vor seinem Haus wehren. In Betracht kommt ein öffentlich-rechtlicher Abwehr- oder Unterlassungs-anspruch. Das nach öffentlich-rechtlichen Normen relevante Verhalten stellt hier das Aufstellen des Containers dar.

Dabei handelt es sich um gewohnheitsrechtlich anerkannte Anspruchsgrundlagen, die aus den Grundrechten, aus Art. 20 III GG und aus § 1004 BGB analog hergeleitet werden.

Hinweis

Aus dem Rechtsstaatsprinzip ergibt sich, dass der Bürger sich auch dann gegen rechtswidriges Verwaltungshandeln oder gegen rechtswidrige Zustände wehren können muss, wenn keine ausdrücklich normierte Anspruchsgrundlage vorliegt.

Ein **Abwehr- bzw. Unterlassungsanspruch** setzt dabei ein *rechtswidriges Verwaltungshandeln*, ein **Folgenbeseitigungsanspruch** einen *rechtswidrigen Zustand* voraus. Das Verwaltungshandeln oder der Zustand ist dabei regelmäßig immer dann rechtswidrig, wenn die Handlung oder der Zustand *gegen Rechtsnormen verstößt*, vgl. unter 2.

Übersicht 3

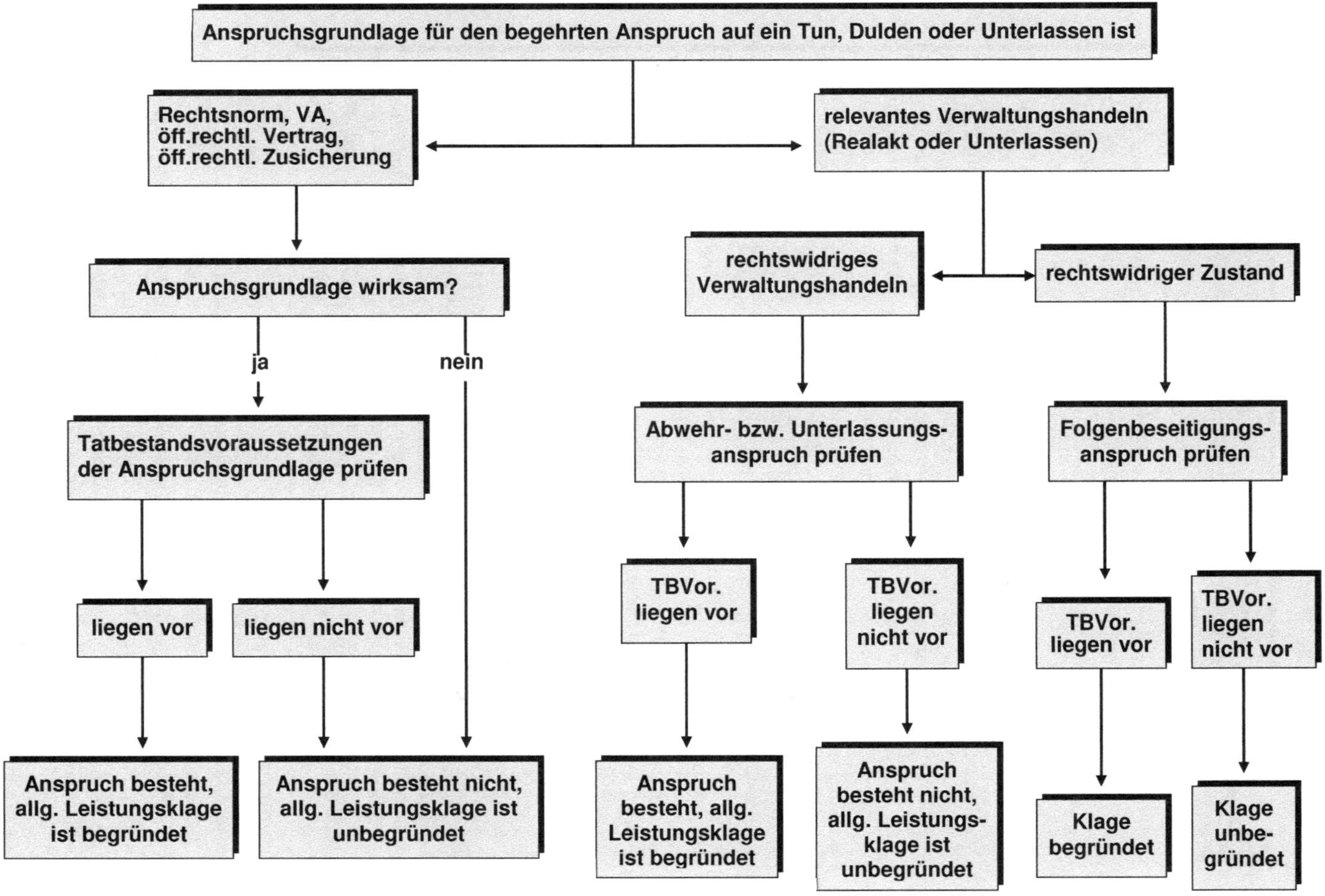

Anspruchsgrundlage für den begehrten Anspruch auf ein Tun, Dulden oder Unterlassen ist
Rechtsnorm, VA, öff.rechtl. Vertrag, öff.rechtl. Zusicherung
relevantes Verwaltungshandeln (Realakt oder Unterlassen)
Anspruchsgrundlage wirksam?
ja
nein
Tatbestandsvoraussetzungen der Anspruchsgrundlage prüfen
liegen vor
liegen nicht vor
Anspruch besteht, allg. Leistungsklage ist begründet
Anspruch besteht nicht, allg. Leistungsklage ist unbegründet
rechtswidriges Verwaltungshandeln
rechtswidriger Zustand
Abwehr- bzw. Unterlassungs-anspruch prüfen
TBVor. liegen vor
TBVor. liegen nicht vor
Anspruch besteht, allg. Leistungsklage ist begründet
Anspruch besteht nicht, allg. Leistungs-klage ist unbegründet
Folgenbeseitigungs-anspruch prüfen
TBVor. liegen vor
TBVor. liegen nicht vor
Klage begründet
Klage unbe-gründet

Hinweis

Der Anspruch auf die begehrte Verwaltungshandlung kann sich also zum einen *aus einer konkreten Anspruchsgrundlage* (Rechtsnorm, VA, öffentlich-rechtlicher Vertrag oder öffentlich-rechtliche Zusicherung) ergeben und zum anderen *aufgrund eines relevanten öffentlich-rechtlichen Verhaltens*. Im zweiten Fall besteht ein Anspruch dann, wenn die Voraussetzungen der ungeschriebenen, aber gewohnheitsrechtlich anerkannten Anspruchsgrundlagen (Folgenbeseitigungsanspruch, Unterlassungs- bzw. Abwehranspruch) vorliegen, vgl. unten.

Dabei handelt es sich bei der Geltendmachung eines sich aus einer „geschriebenen" *Anspruchsgrundlage* ergebenden Anspruches regelmäßig um eine auf die Vornahme einer begünstigenden Verwaltungshandlung gerichtete **Vornahmeklage**. Geht es um die Geltendmachung eines Abwehranspruches (Folgenbeseitigungsanspruch, Unterlassungsanspruch) handelt es sich regelmäßig um eine **Abwehrklage.**

(Denkbar ist selbstverständlich auch, dass sich ein Abwehranspruch aus einer Rechtsnorm oder einem öffentlich-rechtlichen Vertrag ergibt, zB wenn die Verwaltung in einem öffentlich-rechtlichen Vertrag zugesichert hat, eine bestimmte Handlung gerade nicht vorzunehmen, also zu unterlassen.)

In der **Klausur** geht es im ersten Fall meistens um die Frage, ob die Anspruchsgrundlage wirksam ist, ob ihre Voraussetzungen vorliegen und insbesondere auch darum, ob es nicht vielleicht um den Erlass eines VA geht und damit um die Abgrenzung zwischen Anfechtungs- und Leistungsklage, vgl. oben.

Im zweiten Fall geht es regelmäßig um die Frage, welcher Anspruch im konkreten Fall in Betracht kommt (Abwehr- oder Folgenbeseitigungsanspruch) und ob dessen Voraussetzungen vorliegen, vgl. unten.

Maßgeblicher Zeitpunkt für die Beurteilung der Frage, ob der begehrte Anspruch besteht, ist der Zeitpunkt der letzten mündlichen Verhandlung.

Hat sich ein belastender Realakt (vor oder nach Klageerhebung) erledigt, kann das frühere Bestehen eines Abwehranspruches nach richtiger Ansicht nicht etwa analog § 113 I 4 VwGO festgestellt werden. Statthaft ist hier die allgemeine Feststellungsklage nach § 43 VwGO, vgl. 4. Kapitel.

2) Einzelfälle der allgemeinen Leistungsklage

Bei der allgemeinen Leistungsklage geht es regelmäßig um die Geltendmachung von
- öffentlich-rechtlichen Leistungsansprüchen,
- öffentlich-rechtlichen Abwehr- und Unterlassungsansprüchen,
- Folgenbeseitigungsansprüchen,
- öffentlich-rechtlichen Erstattungs-, Entschädigungs- und sonstigen Zahlungsansprüchen und von
- Ansprüchen aus öffentlich-rechtlichen Verträgen.

a) Öffentlich-rechtlicher Leistungsanspruch

Von **öffentlich-rechtlichen Leistungsansprüchen im engen Sinne** spricht man dann, wenn der Kläger die *Vornahme eines ihn begünstigenden schlichten Verwaltungshandelns, einer Verwaltungsleistung ieS* begehrt.

Hinweis

Bei der allgemeinen Leistungsklage geht es *immer* um die Geltendmachung einer „Leistung". Auch soweit der Kläger ein Dulden oder Unterlassen begehrt, handelt es sich um eine „Leistung" der Verwaltung im weiten Sinne.

Auch die Beseitigung einer Belästigung oder Beeinträchtigung stellt ein aktives Tun dar. Dennoch handelt es sich in diesen Fällen um die Geltendmachung eines Abwehranspruches, da sich der Kläger gegen etwas wehrt.

Hier ist ein Leistungsanspruch in dem Sinne gemeint, dass der Kläger sich nicht gegen etwas wehren oder etwas verhindern will, sondern dass er ein aktives begünstigendes Handeln begehrt.

Der Kläger macht hier einen Anspruch auf ein schlichtes Verwaltungshandeln geltend.

Dabei setzt ein solcher öffentlich-rechtlicher Leistungsanspruch das Vorliegen einer *Anspruchsgrundlage* voraus, wobei als Anspruchsgrundlage neben Rechtsnormen auch VA, öffentlich-rechtliche Verträge oder Zusicherungen in Betracht kommen.

Bsp.: *Der Kläger begehrt die Erteilung von Auskünften und Informationen.*
Der Kläger begehrt die Auszahlung einer durch VA bewilligten Subvention.

Der Anspruch auf die begehrte Leistung besteht dann, wenn die *Anspruchsgrundlage wirksam ist und ihre Tatbestandsvoraussetzungen vorliegen.*

***Bsp.:** Kommt als Anspruchsgrundlage eine Rechtsverordnung in Betracht, besteht der Anspruch dann, wenn die Rechtsverordnung wirksam ist und die Tatbestandsvoraussetzungen der Norm vorliegen.*

Gibt der Sozialhilfeträger gegenüber dem Vermieter eine sog. Mietübernahmeerklärung ab, besteht der Anspruch auf Zahlung der Miete gegen den Sozialhilfeträger dann, wenn die öffentlich-rechtliche Zusage wirksam ist und der Mieter Anspruch auf Sozialhilfe hat.

Hinweis

In diesen Fällen ist in der **Klausur** genau wie bei einer Verpflichtungsklage vorzugehen. Der einzige Unterschied ist, dass gerade kein VA, sondern ein Realakt begehrt wird. Regelmäßig ist hier deshalb auch die Abgrenzung zwischen Verpflichtungs- und allgemeiner Leistungsklage ein Klausurschwerpunkt (entscheidend hierfür ist, ob es sich bei der begehrten Leistung um einen VA handelt bzw. ob sie den Erlass eines VA voraussetzt oder nicht, vgl. oben).

b) Öffentlich-rechtlicher Abwehr- und Unterlassungsanspruch

Der schlichte Abwehr- und Unterlassungsanspruch

Ein **schlichter öffentlich-rechtlicher Abwehr- oder Unterlassungsanspruch** kommt dann in Betracht, wenn sich der Kläger gegen ein *rechtswidriges schlichthoheitliches Verwaltungshandeln* wehrt.

Der öffentlich-rechtliche Abwehr- und Unterlassungsanspruch ist gesetzlich nicht ausdrücklich geregelt, er ist aber allgemein anerkannt und ergibt sich insbesondere aus dem Grundsatz der Gesetzmäßigkeit der Verwaltung, Art. 20 III GG und aus den im Einzelfall einschlägigen Grundrechten.

Der schlichte Abwehr- oder Unterlassungsanspruch ist dabei auf die *Beendigung des Eingriffs bzw. der Maßnahme* durch schlichtes Unterlassen oder gegebenenfalls durch positives, den Eingriff beendendes Tun, gerichtet.

Hinweis

Vom schlichten Unterlassungsanspruch spricht man dann, wenn die Beendigung des rechtswidrigen Eingriffes durch schlichtes Unterlassen erreicht werden kann, vom schlichten Abwehranspruch dann, wenn ein positives, den Eingriff beendendes Tun erforderlich ist.

Entscheidend ist, dass sich die Klage gegen eine *rechtswidrige, hoheitliche Verwaltungsmaßnahme* richtet.

Das angegriffene schlichte Verwaltungshandeln ist immer dann rechtswidrig, wenn es *kausal* in ein *subjektives Recht des Betroffenen eingreift* und dieser Eingriff *nicht gerechtfertigt* und damit rechtswidrig ist. Rechtswidrig ist das schlichte Verwaltungshandeln insbesondere dann, wenn es gegen Rechtsnormen verstößt.

In Betracht kommt dabei neben der Verletzung einer Rechtsnorm auch der Verstoß gegen einen öffentlich-rechtlichen Vertrag oder eine Zusicherung.

Ein Verstoß gegen eine (einfachgesetzliche) Rechtsnorm liegt dabei insbesondere dann vor, wenn die *Voraussetzungen der Ermächtigungsgrundlage*, die die Verwaltung zu der vorgenommenen Handlung ermächtigt, *nicht vorliegen.*

> ***Bsp.:*** *Das Polizeigesetz regelt, unter welchen Voraussetzungen eine Telefonüberwachung angeordnet werden darf. Liegen diese Voraussetzungen nicht vor, ist eine dennoch angeordnete Telefonüberwachung rechtswidrig und der Betroffene hat einen Unterlassungsanspruch.*

Hinweis

> Diese Fälle entsprechen denen der Anfechtungsklage. Einziger Unterschied ist, dass die Verwaltung aufgrund der Ermächtigungsgrundlage keinen VA erlassen hat, sondern lediglich tatsächlich gehandelt hat. In der **Klausur** geht es hier oft auch um die Abgrenzung zwischen VA und Realakt und damit um die Abgrenzung zwischen Anfechtungs- und allgemeiner Leistungsklage.

Als Rechtsnormen kommen (neben einfachgesetzlichen Rechtsnormen) insbesondere auch die *Grundrechte als die klassischen subjektiven Abwehrrechte* in Betracht.

Hinweis

> Diese Fälle entsprechen den klassischen Grundrechtsfällen. Eine Verfassungsbeschwerde ist hier aber mangels Rechtswegerschöpfung (noch) nicht zulässig.
>
> Zu prüfen ist zunächst, ob das angegriffene schlichte Verwaltungshandeln in den Schutzbereich eines Grundrechtes eingreift und ob dieser Eingriff rechtswidrig ist. Rechtswidrig ist der Eingriff dabei immer dann, wenn er nicht durch eine zulässige Schranke gedeckt und unverhältnismäßig ist.

***Bsp.**: Der Kläger möchte sich im Winter gegen den Einsatz von Streusalz auf der Straße vor seinem Grundstück wehren, weil er darin eine unzumutbare Schädigung seiner Gartenpflanzen sieht. Hier kommt ein Verstoß gegen Art. 14 I GG in Betracht.*

Voraussetzung für das Vorliegen eines schlichten Abwehr- oder Unterlassungsanspruches ist, dass
- **durch eine schlicht-hoheitliche Maßnahme (Realakt)**
- **in ein subjektives Recht des Betroffenen eingegriffen wird und**
- **dieser Eingriff rechtswidrig ist.**

Der vorbeugende Unterlassungsanspruch

Um die Geltendmachung eines **vorbeugenden Unterlassungsanspruches** handelt es sich dann, wenn der Kläger sich gegen ein *zukünftiges Verwaltungshandeln* wehrt, vgl. unter I 1c.

Der vorbeugende Unterlassungsanspruch ist dabei auf die *Unterlassung eines hoheitlichen Handelns* gerichtet. Die Verwaltung soll also zum Untätigbleiben verpflichtet werden.

Erforderlich ist, dass das zukünftig erwartete Verwaltungshandeln rechtswidrig wäre und dass eine konkrete „Bedrohung" vorliegt. Das Verwaltungshandeln muss also *akut drohen*. Eine lediglich entfernte Möglichkeit genügt hier nicht.

Hinweis

Ansonsten fehlt es am qualifizierten Rechtsschutzbedürfnis, vgl. unter I. 3

Zu beachten ist, dass hier als Verwaltungsmaßnahme neben einem Realakt auch ausnahmsweise der drohende Erlass eines VA in Betracht kommt, vgl. unter I 1a.

Hinweis

Für Klagen gegen drohende VA fehlt es idR am Rechtsschutzbedürfnis, da hier die Möglichkeit besteht, Widerspruch und gegebenenfalls Klage mit der Folge der aufschiebenden Wirkung einzulegen, vgl. I 1a.

Bei drohenden Realakten dagegen besteht eine solche Möglichkeit gerade nicht. Soweit die befürchtete Maßnahme tatsächlich akut droht, liegt deshalb regelmäßig ein besonderes Rechtsschutzbedürfnis vor.

Eine vorbeugende Unterlassungsklage kommt insbesondere auch immer dann in Betracht, wenn bezüglich eines Verwaltungshandelns **Wiederholungsgefahr** besteht.

Bsp.: *Soweit die Behörde öffentlich vor dem Kauf von Produkten einer bestimmten Handelskette wegen angeblichen Gesundheitsgefahren warnt, kommt hier neben dem auf die Einstellung der Warnungen gerichtete Abwehrklage (zusätzlich) eine auf die Untersagung solcher Warnungen für die Zukunft gerichtete vorbeugende Unterlassungsklage in Betracht.*

Nach einer erfolgten ehrkränkenden Äußerung eines Beamten kommt neben den auf Widerruf gerichteten FBA (vgl. hierzu sogleich unter c) ein auf die Unterlassung solcher Äußerungen gerichteter vorbeugender Unterlassungsanspruch in Betracht.

c) Der Folgenbeseitigungsanspruch

Ein **Folgenbeseitigungsanspruch** kommt dann in Betracht, wenn sich der Kläger gegen einen *rechtswidrigen Zustand* wehrt.

Bsp.: *Der Kläger begehrt die Herausgabe einer beschlagnahmten Sache.*

Der Kläger begehrt den Widerruf einer ehrkränkenden Äußerung

Der Folgenbeseitigungsanspruch ist dabei

auf die *Beseitigung eines rechtswidrigen Zustandes* durch positives Handeln gerichtet.

Hinweis

Der Folgenbeseitigungsanspruch ist auf die Beseitigung von rechtswidrigen Folgen hoheitlicher Tätigkeit gerichtet. Es handelt sich dabei (im Gegensatz zum Unterlassungsanspruch oder zum auf Geldersatz gerichteten Schadensersatz- oder Entschädigungsanspruch) um einen **Wiederherstellungsanspruch**. Wiederherzustellen ist dabei der tatsächliche Zustand, der vor dem schadensstiftenden Hoheitshandeln bestand (durch Beseitigung des rechtswidrigen Zustandes). Soweit eine Wiederherstellung nicht möglich ist, kommt deshalb auch ein FBA nicht in Betracht, vgl. sogleich unten.

Dabei ist der im Rahmen einer allgemeinen Leistungsklage geltend zu machende **„schlichte" Folgenbeseitigungsanspruch** zunächst vom sog. **„Vollzugsfolgenbeseitigungsanspruch"** abzugrenzen. Beim Vollzugsfolgenbeseitigungsanspruch ist der zu beseitigende Zustand *durch den Vollzug eines rechtswidrigen Verwaltungsaktes* entstanden, der schlichte Folgenbeseitigungsanspruch ist dagegen idR auf die Beseitigung eines durch *schlichtes Verwaltungshandeln* entstandenen Zustandes gerichtet.

Der Vollzugsfolgenbeseitigungsanspruch ist gemäß § 113 I S.2 VwGO im Rahmen der Anfechtungsklage geltend zu machen.

Da auch *der Vollzug eines rechtswidrigen VA rechtmäßig ist, solange der VA nicht aufgehoben ist*, muss hier ohnehin zunächst der VA angefochten werden. Gemäß § 113 I S.2 VwGO kann diese Anfechtungsklage dann mit einem Antrag auf Beseitigung der Vollzugsfolgen verbunden werden.

Hinweis

Die Unterscheidung zwischen schlichtem und Vollzugsfolgenbeseitigungsanspruch ist für die Wahl der richtigen Klageart wichtig. § 113 I 2 VwGO regelt, dass der Vollzugsfolgenbeseitigungsanspruch im Rahmen der Anfechtungsklage geltend gemacht werden muss, § 113 I 2 VwGO begründet keine eigene Anspruchsgrundlage.

Der auf die Beseitigung eines rechtswidrigen Zustandes gerichtete Folgenbeseitigungsanspruch ist (wie der Abwehr- und Unterlassungsanspruch) gesetzlich nicht ausdrücklich geregelt. Er ist aber allgemein anerkannt und ergibt sich insbesondere aus dem Grundsatz der Gesetzmäßigkeit der Verwaltung, Art. 20 III GG, bzw. auch aus den im Einzelfall einschlägigen Grundrechten, die der Fortdauer eines rechtswidrigen Zustandes entgegenstehen.

Voraussetzung für das Vorliegen eines Folgenbeseitigungsanspruches ist, dass
- **durch eine hoheitliche Maßnahme**
- **in ein subjektives Recht des Betroffenen eingegriffen wurde und dadurch**
- **ein rechtswidriger, noch andauernder Zustand geschaffen wurde und die**
- **Wiederherstellung des früheren Zustandes möglich, rechtlich zulässig und zumutbar ist.**

Voraussetzung ist zunächst, dass durch eine **hoheitliche Maßnahme** in ein **subjektives Recht eingegriffen** wurde.

Hinweis

Der hoheitlichen Maßnahme steht die privatrechtliche Maßnahme gegenüber,
vgl. hierzu VerwR 1, 2. Kapitel 2 und 3. Kapitel I 1 a.

Bei privatrechtlichen Maßnahmen kommen nur privatrechtliche Abwehransprüche in Betracht (z. B. aus § 1004 BGB).

Als Eingriff in ein subjektives Recht kommen insbesondere *Grundrechtseingriffe* in Betracht. Dabei stellt *jede belastende Maßnahme* bereits einen Eingriff zumindest in Art. 2 I GG dar.

Bsp.: *Eine Sache wird mittels einer Beschlagnahmeverfügung beschlagnahmt. Diese hoheitliche Maßnahme stellt einen Eingriff in Art. 14 I S.1 GG dar.*

Zu beachten ist, dass der **Eingriff** (im Gegensatz zu dem dadurch verursachten Zustand) *nicht rechtswidrig* zu sein braucht.

Bsp.: *Die Beschlagnahme war rechtmäßig. Nach Auflösung der Beschlagnahmeverfügung unterlässt es die Behörde, die beschlagnahmte Sache zurückzugeben. Die Beschlagnahme selbst als Eingriff war rechtmäßig, der derzeitige Zustand (fehlende Rückgabe) hingegen ist rechtswidrig.*

Hinweis

Meist stellt die Beseitigung des rechtswidrigen Zustandes eine Realhandlung dar. Ist für die Beseitigung des rechtswidrigen Zustandes ausnahmsweise der Erlass eines VA erforderlich (zB. Die Räumungsverfügung gegenüber dem eingewiesenen Obdachlosen) ist der FBA auch im Rahmen der dann statthaften Verpflichtungsklage die richtige Anspruchsgrundlage.

Hinweis

> Soweit es sich bei dem hoheitlichen Eingriff um den Erlass eines VA handelt und bei den zu beseitigenden Folgen um dessen Vollzug, muss zunächst geklärt werden, ob hier nicht eine Anfechtungsklage (und die damit verbundene Geltendmachung eines Vollzugsfolgenbeseitigungsanspruches) vorrangig ist.
>
> Eine Anfechtungsklage ist dabei regelmäßig dann vorrangig, wenn es um die Beseitigung von Vollzugsfolgen eines *rechtswidrigen* VA geht. Denn erst die Aufhebung des rechtswidrigen VA führt dazu, dass der durch den Vollzug geschaffene Zustand rechtswidrig ist, vgl. oben.
>
> Die allgemeine Leistungsklage dagegen kommt insbesondere immer dann in Betracht, wenn ein *rechtmäßiger* VA vollzogen wurde und der dem Vollzug zugrunde liegende VA seine Wirkung (durch Aufhebung, Zeitablauf, ...) verloren hat, sprich sich erledigt hat.

Der hoheitliche Eingriff muss zu einem **rechtswidrigen Zustand** geführt haben, der **noch andauert**.

Der Zustand muss **rechtswidrig** sein. Das ist dann der Fall, wenn es an einer *Eingriffsbefugnis* (setzt idR eine Ermächtigungsgrundlage voraus) *fehlt* oder *keine Duldungspflicht* besteht.

Grundsätzlich erfordern belastende Maßnahmen eine *Ermächtigungsgrundlage* als Eingriffsbefugnis (Vorbehalt des Gesetzes). Soweit das staatliche Handeln unmittelbar, d.h. direkt in den Schutzbereich eines Grundrechts eingreift, ist eine Ermächtigungsgrundlage immer erforderlich.

Schlichtes Verwaltungshandeln (als Maßnahme) ist aber häufig nicht auf einen unmittelbaren Eingriff in subjektive Rechte gerichtet. Bei der Belastung Dritter handelt es sich dann vielmehr um eine unerwünschte Nebenfolge. Schlichtes Verwaltungshandeln stellt in diesen Fällen nur einen *mittelbaren Eingriff in die Rechtsphäre des Betroffenen* dar. Eine Ermächtigungsgrundlage ist dann nur erforderlich, wenn der mittelbare Grundrechtseingriff *voraussehbar* und *schwerwiegend* ist.

Eine *Duldungspflicht* besteht dabei immer dann, wenn eine verfassungsrechtliche Rechtfertigung für den Grundrechtseingriff besteht. Die Duldungspflicht kann sich insbesondere aus § 906 BGB analog ergeben.

Hinweis

> Soweit es sich bei dem hoheitlichen Eingriff um einen VA handelte, führt dieser - soweit er sich noch nicht erledigt hat - auch dann zu einer Duldungspflicht, wenn er rechtswidrig ist. Deshalb muss in diesen Fällen zunächst der VA angefochten werden, da erst die Aufhebung des VA den Vollzug rechtswidrig macht. Es handelt sich dann um den sog. Vollzugsfolgenbeseitigungsanspruch. Eine allgemeine Leistungsklage kommt hier eben erst dann in Betracht, wenn sich der (rechtmäßige oder rechtswidrige) VA erledigt (durch Aufhebung, Zeitablauf, ...), vgl. oben.

Bsp.: *Solange die Beschlagnahmeverfügung wirksam und nicht aufgehoben ist, besteht kein Anspruch auf Herausgabe, auch dann nicht, wenn die Beschlagnahmeverfügung rechtswidrig ist. Hier muss die Verfügung mittels Anfechtungsklage angegriffen werden, verbunden mit der Geltendmachung eines Vollzugsfolgenbeseitigungsanspruches auf Herausgabe der Sache.*

Wurde der rechtswidrige Zustand *bereits beendet*, kann auch kein Folgenbeseitigungsanspruch mehr geltend gemacht werden.

Ein Folgenbeseitigungsanspruch ist auch dann zu verneinen, wenn ein ursprünglich rechtswidriger Zustand *inzwischen legalisiert* wurde.

Bsp.: *Die Sache wurde durch Verfügung für einen bestimmten Zeitraum beschlagnahmt. Nach Ablauf dieses Zeitraumes besteht ein rechtswidriger Zustand, wenn der Gegenstand nicht herausgegeben wird. Erlässt die Behörde nun erneut eine Beschlagnahmeverfügung, geht der zunächst entstandene Folgenbeseitigungsanspruch wieder unter.*

Die Wiederherstellung des früheren Zustandes muss **möglich, rechtlich zulässig und zumutbar** sein.

Da sich der Folgenbeseitigungsanspruch *allein auf die Wiederherstellung des ursprünglichen Zustandes* durch Beseitigung des rechtswidrigen Zustandes *gerichtet ist*, scheidet der Anspruch aus, wenn die Wiederherstellung *unmöglich ist.*

Bsp.: *Wurden Nahrungsmittel wegen Infektionsgefahr beschlagnahmt, die nach Ablauf der Beschlagnahmeverfügung inzwischen verdorben sind, besteht kein Folgenbeseitigungsanspruch auf Herausgabe, da die Herausgabe unmöglich geworden ist.*

Ein Anspruch auf Wiederherstellung kann nicht bestehen, wenn diese *rechtlich unzulässig* ist.

Bsp.: *Ein Folgenbeseitigungsanspruch auf Herausgabe einer beschlagnahmten Wohnung nach dem Ablauf einer Wohnungsbeschlagnahme besteht nicht, wenn für die hierfür erforderliche Räumungsverfügung (vgl. Beispielsfall oben) die Voraussetzungen nicht vorliegen. Denn die Wiederherstellung des ursprünglichen Zustandes ist dann rechtlich nicht zulässig.*

An der **Zumutbarkeit** fehlt es dann, wenn *die Wiederherstellung einen unverhältnismäßig hohen Aufwand erfordern würde.* Hier darf allerdings nicht allein auf zu hohe Kosten abgestellt werden. Unzumutbarkeit ist zu bejahen, wenn *die dem Anspruchsteller begünstigende Folgenbeseitigungsmaßnahme außer Verhältnis zu dem zu beseitigenden Zustand steht.*

Bsp.: *Der Anwohner A begehrt die Beseitigung einer rechtswidrig errichteten und ihn beeinträchtigenden Kläranlage. Die Beseitigung ist hier unzumutbar. Eine den Bürger begünstigende Verwaltungsmaßnahme muss (unter Berücksichtigung des auch für das öffentliche Recht geltende Gebot von Treu und Glauben) dann unterbleiben, wenn diese Maßnahme völlig außer Verhältnis zu dem mit der Maßnahme angestrebten Zweck stünde und die berechtigten Interessen des Bürgers auf andere Weise, etwa durch Schadensersatzzahlungen, gesichert werden können.*

Hinweis

In Fällen der tatsächlichen oder rechtlichen Unmöglichkeit und der Unzumutbarkeit kommen Entschädigungsansprüche wie beispielsweise Enteignungsentschädigung oder Entschädigung aus enteignungsgleichem Eingriff oder Ansprüche aus Amtshaftung in Betracht, nicht jedoch ein Folgenbeseitigungsanspruch, bei dem es ausschließlich um die Wiederherstellung des ursprünglichen Zustandes geht.

Nach überwiegender Ansicht muss bei der Geltendmachung eines Folgenbeseitigungsanspruches ein eventuelles **Mitverschulden** des Betroffenen analog § 254 BGB berücksichtigt werden.

Ein solches Mitverschulden kann bei nicht teilbaren Folgenbeseitigungsansprüchen zu einer Beteiligung des mitverantwortlichen Betroffenen an den Kosten der Folgenbeseitigung (anteilig seinem Mitverschulden) führen.

Bsp.: *Durch den Bau einer Straße wurde eine Böschung so weitgehend abgetragen, dass das Hanggrundstück des Klägers bei Regenfällen „abzusacken" droht. Hier besteht u.U. ein Mitverschulden des Klägers, weil er nicht schon während der Bauarbeiten etwas gegen den Eingriff unternommen hat. Der Kläger wird aufgrund seines Mitverschuldens an den Kosten der Folgenbeseitigung – hier Maßnahmen zur Sicherung des Grundstücks gegen Absenkung - beteiligt.*

Ganz ausnahmsweise kann das Mitverschulden nach dem BVerwG auch zu einer Umwandlung des eigentlichen Beseitigungsanspruches in einen Anspruch auf Zahlung eines Ausgleichsbetrages in Geld (analog § 251 II 1 BGB) führen (was problematisch ist, da dies zu einer Vermischung der Abgrenzung zwischen FBA und Amtshaftungs- oder Entschädigungsansprüchen führt).

d) Öffentlich-rechtliche Erstattungs-, Entschädigungs- und sonstige Zahlungsansprüche

Um die Geltendmachung von **öffentlich-rechtlichen Erstattungsansprüchen** durch eine allgemeine Leistungsklage handelt es beispielsweise dann, wenn die Rückzahlung eines zu Unrecht bezahlten Geldbetrages verlangt wird.

Exkurs: Allgemeine Leistungsklage des Staates gegen den Bürger

Öffentlich-rechtliche Erstattungsansprüche können durch eine allgemeine Leistungsklage auch vom Staat gegen den Bürger geltend gemacht werden. Ein solcher Erstattungsanspruch kommt insbesondere dann in Betracht, wenn der Staat einen Zahlungsanspruch ausnahmsweise nicht mittels einer Zahlungsverfügung geltend machen kann (soweit dies möglich ist, fehlt es für eine Leistungsklage des Staates gegen den Bürger am Rechtsschutzbedürfnis, da die Geltendmachung durch eine einseitige Regelung in Form eines VA eine einfachere Möglichkeit zur Durchsetzung des Anspruches darstellt).

Das ist beispielsweise dann der Fall, wenn sich der Anspruch aus einem öffentlich-rechtlichen Vertrag ergibt.

Für gewöhnlich ergibt sich ein solcher öffentlich-rechtlicher Erstattungsanspruch aus dem Gesetz (z. B. aus den §§ 84a BBG, 12 II BBesG und 52 II BeamtVG für die Rückforderung zuviel gezahlter Dienstbezüge, § 49a VwVfG für die Rückforderung aufgrund eines zurückgenommenen rechtswidrigen begünstigenden VA).

Dabei verweisen die Vorschriften regelmäßig auf die Vorschriften des BGB über die ungerechtfertigte Bereicherung, so dass die Voraussetzungen der §§ 812 ff BGB zu prüfen sind.

Ansonsten kommt auch ein ungeschriebener öffentlich-rechtlicher Erstattungsanspruch in Betracht, der sich aus den allgemeinen Grundsätzen des Verwaltungsrechts und insbesondere aus der Gesetzmäßigkeit der Verwaltung, Art. 20 III GG ergibt. Die Voraussetzungen entsprechen denen der bereicherungsrechtlichen Vorschriften. Voraussetzung ist insbesondere eine *rechtsgrundlose Vermögensverschiebung innerhalb einer öffentlich-rechtlichen Rechtsbeziehung.*

Anstatt einer analogen Anwendung von § 818 III BGB sind dabei die Grundsätze des Vertrauensschutzes heranzuziehen.

Ein **öffentlich-rechtlicher Entschädigungsanspruch** kommt beispielsweise bei der Rücknahme von rechtswidrigen VA in Betracht, vgl. § 48 III VwVfG.

Hinweis

> Auch bei dem Entschädigungsanspruch aus § 49 VI VwVfG im Falle des Widerrufs eines rechtmäßigen VA handelt es sich um einen öffentlich-rechtlichen Entschädigungsanspruch. Aufgrund der abdrängenden Sonderzuweisung zu den ordentlichen Gerichten in § 49 VI VwVfG, ist hier aber nicht die verwaltungsgerichtliche allgemeine Leistungsklage statthaft.

Erstattungs- und Entschädigungsansprüche ergeben sich in der Regel aus *Rechtsnormen*, die in den meisten Fällen auf die bereicherungsrechtlichen Vorschriften des BGB verweisen.

Bsp.: *§ 48 III VwVfG regelt, dass bei der Rücknahme von bestimmten VA (denen die nicht unter Absatz 2 fallen) dem Betroffenen unter bestimmten Voraussetzungen (schutzwürdiges Vertrauen) ein Anspruch auf Ausgleich eines Vermögensnachteils besteht. Dabei sind die Vorschriften des BGB über die Herausgabe einer ungerechtfertigten Bereicherung entsprechend anzuwenden.*

Geht es um Zahlungsansprüche oder sonstige geldwerte Leistungen, ergibt sich der Anspruch regelmäßig aus erlassenen Bewilligungsbescheiden oder aus abgeschlossenen öffentlich-rechtlichen Verträgen, vgl. hierzu unter e.

Bsp.: *Trotz erlassenem Bewilligungsbescheid wird die Subvention nicht ausbezahlt. Der Zahlungsanspruch ergibt sich aus dem Bewilligungsbescheid.*

e) Ansprüche aus öffentlich-rechtlichen Verträgen

Ein Leistungsanspruch kann sich insbesondere aus **öffentlich-rechtlichen Verträgen** nach den §§ 54 ff VwVfG ergeben. Dabei kommt sowohl die Geltendmachung von Primäransprüchen als auch die Geltendmachung von Sekundäransprüchen aus dem Vertragsverhältnis in Betracht.

Hinweis

> In der **Klausur** geht es dabei regelmäßig darum, dass sich die Behörde vertraglich zu einer Leistung verpflichtet hat, die sie dann später nicht mehr erfüllen will.

Bei der Geltendmachung eines sich aus einem öffentlich-rechtlichen Vertrag ergebenden Leistungsanspruches ist zu prüfen,

- ob überhaupt ein *öffentlich-rechtlicher Vertrag geschlossen wurde* und
- ob dieser *rechtswirksam* ist.

aa) Vorliegen eines öffentlich-rechtlichen Vertrages

Zunächst muss geklärt werden, ob es sich bei der zu untersuchenden Vereinbarung zwischen der Verwaltung und dem Anspruchsteller (aus der sich der geltend gemachte Leistungsanspruch ergeben soll) überhaupt um einen **Vertrag** handelt.

Das ist dann der Fall, wenn

- *beide Seiten gleichberechtigt sind*, d.h. rechtlich gleichen Einfluss auf den Inhalt der Regelung haben und wenn
- *die Einigung Wirksamkeitsvoraussetzung ist.*

An der **Gleichberechtigung** der Vertragsparteien fehlt es allerdings nicht schon dann, wenn eine Seite den Vertragsinhalt vorschreibt. So etwas ist auch bei privatrechtlichen Verträgen nicht ungewöhnlich (AGBs von Banken, Beförderungsunternehmen). Entscheidend ist vielmehr, dass es *beiden Seiten frei steht, die Vereinbarung zu schließen oder nicht.* Die für den Vertrag typische Einigung durch Abgabe zweier übereinstimmender Willenserklärungen ist Voraussetzung für die Wirksamkeit des Vertrages.

Hinweis

> Der Vertrag ist insbesondere vom zustimmungsbedürftigen VA und von der Zusicherung zu unterscheiden. Beim zustimmungsbedürftigen VA handelt es sich um eine einseitige Regelung, bei der die Zustimmung als Erklärung des Bürgers nicht wie beim Vertrag Wirksamkeitsvoraussetzung, sondern „lediglich" Rechtmäßigkeitsvoraussetzung ist.
>
> Bei der Zusicherung handelt es sich um eine einseitige Verpflichtung der Behörde, die nicht von einer Gegenleistung des Vertragspartners abhängt.

Sodann ist zu klären, ob es sich bei dem Vertrag überhaupt um einen öffentlich-rechtlichen Vertrag handelt oder ob nicht die Verwaltung von ihrer Möglichkeit Gebrauch gemacht hat, privatrechtlich zu handeln.

Hinweis

> Geht es in der Klausur um die Geltendmachung von Ansprüchen aus einem mit der Verwaltung geschlossenem Vertrag, muss in diesen Fällen regelmäßig schon im Rahmen der Prüfung der Rechtswegeröffnung geklärt werden, ob es sich um einen öffentlich-rechtlichen (verwaltungsrechtlichen) oder um einen privatrechtlichen Vertrag handelt. Denn die Rechtsnatur der Streitigkeit richtet sich dann nach der Rechtsnatur des Vertrages. Eine öffentlich-rechtliche Streitigkeit liegt folglich dann vor, wenn es sich um Ansprüche aus einem öffentlich-rechtlichen Vertrag iSd §§ 54 ff VwVfG handelt.
>
> Vgl. VerwR 1, 2. Kapitel 2 b.

Soweit sich der Anspruch für die geltend gemachte Leistung aus einem Vertrag ergibt, kommt die (verwaltungsrechtliche) allgemeine Leistungsklage also nur dann in Betracht, *wenn es sich bei dem Vertrag um einen öffentlich-rechtlichen Vertrag iSd §§ 54 ff VwVfG handelt* (da ansonsten ja der ordentliche Rechtsweg eröffnet ist).

Hinweis

> Die Qualifizierung als öffentlich-rechtlicher Vertrag ist außer für die Frage des Rechtsweges insbesondere auch noch für die Wirksamkeit (Schriftformerfordernis des öffentlich-rechtlichen Vertrages) und für den Rechtmäßigkeitsmaßstab entscheidend.

Die Abgrenzung zwischen privatrechtlichem und öffentlich-rechtlichem Vertrag

Entscheidend für die Frage, ob es sich bei dem zwischen der Verwaltung und einem Bürger geschlossenen Vertrag um einen privatrechtlichen oder um einen öffentlich-rechtlichen Vertrag handelt, ist der **Vertragsgegenstand**.

Keine Rolle spielen die Stellung der Vertragspartner und der subjektive Wille der Vertragsparteien. Entscheidend für die Einordnung ist die *Rechtsnatur des Vertragsgegenstandes*. Um einen öffentlich rechtlichen Vertrag handelt es sich dann, wenn es sich bei dem Vertragsgegenstand, also der im Vertrag getroffenen Regelung, um eine **öffentlich-rechtliche Regelung** handelt.

Dies richtet sich wiederum nach Inhalt und Zweck der Regelung. Der Vertragsgegenstand (und damit auch der Vertrag) ist öffentlich-rechtlich, *wenn er nach öffentlich-rechtlichen Vorschriften zu beurteilen ist, d.h. wenn er öffentlich-rechtlichen Vorschriften zuzuordnen ist.*

Dabei ist von den allgemeinen Kriterien für die Abgrenzung des öffentlich-rechtlichen Verwaltungshandelns vom privatrechtlichen Handeln auszugehen.

Soweit der Vertrag (wie meistens) mehrere Regelungen und Vereinbarungen beinhaltet und diese nicht rechtlich unabhängig voneinander sind, ist auf den Zweck und den Gesamtcharakter abzustellen. Dabei ist davon auszugehen, dass schon dann ein öffentlich-rechtlicher Vertrag vorliegt und damit alle Vereinbarungen öffentlich-rechtlich zu beurteilen sind, *wenn ein Recht oder eine Pflicht öffentlich-rechtlich zu beurteilen ist.*
Unproblematisch sind Verträge, die über eine spezielle öffentlich-rechtliche Rechtsgrundlage verfügen, wie z.B. der Erschließungsvertrag nach § 124 BauGB.

Ebenfalls unproblematisch öffentlich-rechtlich sind Verträge zu qualifizieren, die ein öffentlich-rechtliches Rechtsverhältnis aufheben oder abändern.

Ansonsten handelt es sich insbesondere dann um öffentlich-rechtliche Verträge, wenn der Vertrag *eine Verpflichtung der Behörde beinhaltet, die nur durch einen Hoheitsakt erfüllt werden kann* oder wenn der Vertrag *auf öffentlich-rechtlich geregelte Sachverhalte einwirkt, sprich wenn der Vertragsgegenstand in einem engen Sachzusammenhang mit öffentlich-rechtlicher Verwaltung steht.*

> ***Bsp.:*** *Die Stadt verpflichtet sich in einem Vertrag zur Förderung eines Betriebes. Der Betrieb verpflichtet sich im Gegenzug dazu, Erweiterungen des Betriebes und Erhöhungen der Produktion nicht ohne Einverständnis der Stadt durchzuführen, damit sich die Immissionsbelastung in den benachbarten Wohngebieten nicht erhöht. Bei den hier wahrgenommenen Aufgaben, Förderung der Industrie zur Sicherung von Arbeitsplätzen und Schutz der Einwohner vor Umweltbelastungen, handelt es sich um typische öffentlich-rechtliche Aufgaben. Es liegt ein öffentlich-rechtlicher Vertrag vor.*

bb) Rechtswirksamkeit des öffentlich-rechtlichen Vertrages

Der Anspruch auf die im Rahmen der allgemeinen Leistungsklage geltend gemachte Leistung aufgrund eines öffentlich-rechtlichen Vertrages setzt die **Rechtswirksamkeit** des Vertrages voraus. Aus einem unwirksamen Vertrag können sich ja keine Ansprüche ergeben.

Rechtswirksam ist der Vertrag nur dann, wenn er
- *formgerecht zustande gekommen* ist und
- *nicht* wegen inhaltlicher Fehler *unwirksam* ist.

Hinweis

Eine Aufhebung wie beim rechtswidrigen VA (Anfechtbarkeit und Rücknahmemöglichkeit) ist beim öffentlich-rechtlichen Vertrag nicht möglich. Andererseits führt die Rechtswidrigkeit beim öffentlich-rechtlichen Vertrag wegen des Prinzips der Vertragsverbindlichkeit auch nicht wie bei Rechtsnormen in jedem Fall zur Nichtigkeit.

Ein Leistungsanspruch aus einem öffentlich-rechtlichen Vertrag besteht dann, wenn der Vertrag formgerecht zustande gekommen ist und nicht nichtig ist.

Formelle Rechtmäßigkeit

Genau wie bei VA auch, muss die vertragsschließende Behörde für die getroffene Regelung **zuständig** sein. Allerdings führt die Unzuständigkeit nur im Fall des § 44 II Nr. 3 iVm § 59 II Nr. 1 VwVfG zur Nichtigkeit.

§ 58 VwVfG enthält eine besondere Verfahrensregelung: Ein öffentlich-rechtlicher Vertrag wird erst wirksam, *wenn ein zustimmungsberechtigter Dritter schriftlich zugestimmt bzw. eine mitwirkungsberechtigte Behörde auf die vorgesehene Art und Weise mitgewirkt hat.*

Bsp.: *Verpflichtet sich die Verwaltung in dem öffentlich-rechtlichen Vertrag zum Erlass einer Baugenehmigung, wird der Vertrag erst wirksam, wenn die Gemeinde ihr Einvernehmen nach § 36 I 1 BauGB erteilt hat.*

Gemäß **§ 57 VwVfG** muss ein öffentlich-rechtlicher Vertrag (soweit nicht durch Rechtsvorschrift eine andere Form vorgeschrieben ist) *schriftlich* geschlossen werden. Fehlt es an der Schriftform, ist der Vertag nicht formgerecht zustande gekommen. Die Nichtigkeit ergibt sich dann aus § 59 I VwVfG iVm § 125 BGB.

Gemäß § 62 VwVfG gelten für den öffentlich-rechtlichen Vertrag - soweit sich aus den §§ 54 ff VwVfG nichts anderes ergibt - die übrigen Vorschriften des VwVfG und ergänzend die Vorschriften des BGB.

> ***Bsp.:*** *Enthält der öffentlich-rechtliche Vertrag die Verpflichtung zum Verkauf eines Grundstückes, gilt § 311b IBGB.*

Materielle Rechtswirksamkeit

Sofern der Vertrag formgerecht zustande gekommen ist, ist weiter zu klären, ob er materiell rechtswirksam oder wegen inhaltlicher Fehler unwirksam ist.

Eine **materielle Rechtswidrigkeit** des öffentlich-rechtlichen Vertrages *führt aber nicht* (wie bei Rechtsnormen) automatisch zur Unwirksamkeit. Vielmehr regelt **§ 59 VwVfG**, unter welchen Voraussetzungen ein rechtswidriger öffentlich-rechtlicher Vertrag nichtig und damit unwirksam ist.

Ein öffentlich-rechtlicher Vertrag ist somit
immer dann wirksam, wenn er nicht nach § 59 VwVfG nichtig ist.

> ***Bsp.:*** *Verpflichtet sich die Behörde in dem Vertrag zum Erlass einer gaststättenrechtlichen Erlaubnis nach § 2 GastG, ist der Vertrag nicht schon deshalb unwirksam, weil die Voraussetzungen für eine solche Erlaubnis nach § 4 GastG nicht vorliegen.*

Nach **§ 59 I VwVfG** ist ein öffentlich-rechtlicher Vertrag **nichtig**, wenn sich die Nichtigkeit *aus der entsprechenden Anwendung von Vorschriften des BGB ergibt.*

Der öffentlich-rechtliche Vertrag setzt gemäß § 62 S. 2 VwVfG zunächst einen **wirksamen Vertragsschluss** iSd §§ 145 ff BGB (Einigung durch zwei übereinstimmende Willenserklärungen, wirksame Vertretung, ...) voraus. Fehlt es daran, ist der Vertrag gemäß § 59 I VwVfG nichtig.

Auch die §§ 164 ff und 145 ff BGB gelten nach § 62 S.2 VwVfG entsprechend.

Nichtig ist ein öffentlich-rechtlicher Vertrag gemäß § 59 I VwVfG iVm § 134 BGB auch dann, wenn für die vertragliche Regelung ein **Vertragsformverbot (**Verbot, den geregelten Sachverhalt mittels Vertrag zu regeln) besteht. Nach § 54 S.1 VwVfG darf ein öffentlich-rechtlicher Vertrag nur geschlossen werden, wenn dem Rechtsvorschriften nicht entgegenstehen.

Soweit sich ein solches Vertragsformverbot nicht direkt aus dem Gesetz ergibt, kann es sich nur durch Auslegung und der Heranziehung von allgemeinen Grundsätzen ergeben. Allein der Umstand, dass das Gesetz für die Handlung eine bestimmte Handlungsform (meist VA) *zur Verfügung stellt*, genügt jedenfalls noch nicht. Wird dagegen eine Handlungsform *zwingend vorgeschrieben*, ist eine Regelung mittels eines öffentlich-rechtlichen Vertrags ausgeschlossen.

Bsp.: *Nach § 2 II, III BBesG ist es verboten, die Besoldung von Beamten vertraglich zu regeln. Für die Ernennung von Beamten ist die Form des VA zwingend vorgeschrieben.*

Die Gemeinde darf sich nicht durch einen Vertrag zur Aufstellung oder Änderung eines Bebauungsplanes verpflichten. Die Entscheidung, welche Regelungen ein Bebauungsplan enthält, muss in dem in den §§ 1 ff, 10 BauGB geregelten Verfahren erfolgen und darf nicht vorweggenommen werden.

Hinweis

Hier ist zu beachten, dass eine konsequente Anwendung des § 134 BGB über § 59 I VwVfG eigentlich bedeuten würde, dass letztlich alle rechtswidrigen Verwaltungsverträge unwirksam wären, da die Verwaltung nicht gegen Gesetze verstoßen darf. Aus der Regelung des § 59 II VwVfG ergibt sich aber, dass gerade nicht jede Rechtswidrigkeit zur Unwirksamkeit des Vertrages führen soll, sondern eben nur die ausdrücklich genannten Nichtigkeitsgründe.

Ein gesetzliches Verbot iSv § 134 BGB und damit Nichtigkeit des Vertrages nach § 59 I VwVfG ist dann anzunehmen, wenn es sich bei der verletzten Norm um eine zwingende und gewichtige Vorschrift handelt und eine Abwägung zwischen dem Prinzip der Vertragsverbindlichkeit und dem von der verletzten Norm geschützten Interesse zum Ergebnis führt, dass die Gültigkeit des Vertrages untragbar wäre.

Entsprechend anwendbar iSv. § 59 I VwVfG sind neben § 134 BGB insbesondere die §§ 116 ff, 125 und 138 BGB.

Nach **§ 59 II Nr. 1 VwVfG** ist ein öffentlich-rechtlicher Vertrag nichtig, *wenn ein VA mit entsprechendem Inhalt nichtig wäre.*

Auf die vertraglich getroffene Regelung ist also § 44 VwVfG entsprechend anzuwenden. Würde es sich bei der getroffenen Regelung um einen VA handeln und wäre dieser nach § 44 VwVfG nichtig, ist der (gesamte) öffentlich-rechtliche Vertrag nichtig.

Nach **§ 59 II Nr. 2 VwVfG** ist ein öffentlich-rechtlicher Vertrag nichtig, *wenn ein VA mit entsprechendem Inhalt (nicht nur wegen eines Verfahrens- oder Formfehlers iSv § 46 VwVfG) rechtswidrig wäre und dies den Vertragschließenden bekannt war.*

Ein öffentlich-rechtlicher Vertrag ist also nicht schon dann unwirksam, wenn die in ihm getroffene Regelung als VA wegen Rechtswidrigkeit anfechtbar wäre und aufgehoben werden könnte. Vielmehr müssen die Vertragsparteien *die Rechtswidrigkeit (bzw. die Tatsachen, aus denen sich die Rechtswidrigkeit ergibt) der Vereinbarung gekannt haben.*

> ***Bsp.:*** *Der öffentlich-rechtliche Vertrag, in dem sich die Behörde zum Erlass einer gaststättenrechtlichen Erlaubnis verpflichtet hat, ist nach § 59 II Nr. 2 VwVfG dann nichtig und damit unwirksam, wenn beide Parteien wussten, dass der Bewerber die nach § 4 I Nr. 1 GastG erforderliche Zuverlässigkeit nicht besitzt.*

Nach **§ 59 II Nr. 3 VwVfG** ist ein öffentlich-rechtlicher **Vergleichsvertrag** nichtig, wenn die Voraussetzungen zum Abschluss eines Vergleichsvertrages nach § 55 VwVfG nicht vorlagen und ein VA mit entsprechendem Inhalt (nicht nur wegen eines Verfahrens- oder Formfehlers iSv § 46 VwVfG) rechtswidrig wäre.

Exkurs: Verschiedene Arten von öffentlich-rechtlichen Verträgen

Regelmäßig geht es um subordinationsrechtliche Verträge, die von den koordinationsrechtlichen Verträgen abzugrenzen sind.

Subordinationsrechtlich ist ein Vertrag, wenn er zwischen einer Verwaltungsbehörde und einem dieser untergeordneten Rechtssubjekt geschlossen wird. Regelmäßig ist das dann der Fall, wenn die Behörde die Möglichkeit hätte, den Vertragsgegenstand auch einseitig durch VA zu regeln, vgl. § 54 S. 2 VwVfG. Dabei sind subordinationsrechtliche Verträge auch über den Wortlaut des § 54 S. 2 VwVfG hinaus in Fällen möglich, wo kein VA erlassen werden könnte, der Vertragspartner aber kein Träger der öffentlichen Verwaltung ist. Subordinationsrechtlich sind alle Verträge, die zwischen Parteien geschlossen werden, die sonst *im Verhältnis der Über-Unterordnung zueinander stehen.*

Koordinationsrechtliche Verträge dagegen sind solche zwischen *zwei gleichgeordneten Trägern öffentlicher Verwaltung.* Dabei handelt es sich regelmäßig um Verträge zwischen zwei Gemeinden, so dass diese Verträge meist bei kommunalrechtlichen Streitigkeiten eine Rolle spielen (diesbezüglich muss an dieser Stelle auf die kommunalrechtliche Literatur verwiesen werden).

Die §§ 55, 56 und 59 II VwVfG gelten *ausschließlich* für subordinationsrechtliche Verträge.

Die §§ 55 und 56 VwVfG unterteilen die subordinationsrechtlichen Verträge in
- *Vergleichsverträge* und
- *Austauschverträge*.

Um einen **Vergleichsvertrag** handelt es sich nach § 55 VwVfG dann, wenn aufgrund einer Ungewissheit über tatsächliche oder rechtliche Gesichtspunkte (anstatt eines VA) ein öffentlich-rechtlicher Vertrag geschlossen wird, in dem sich beide durch *gegenseitiges Nachgeben auf einen Vergleich einigen*.

Dabei müssen sich die Ungewissheit und das Nachgeben auf dieselben Probleme beziehen. Zwischen der Ungewissheit und dem gegenseitigen Nachgeben muss ein *sachlicher Zusammenhang* bestehen.

Um einen **Austauschvertrag** handelt es sich nach § 56 VwVfG dann, wenn sich der Vertragspartner gegenüber der Behörde *zu einer Gegenleistung verpflichtet*, die vertraglichen Leistungen also in einem Gegenleistungsverhältnis stehen.

Dabei ist ein Austauschvertrag nur dann rechtmäßig, wenn die *Gegenleistung für einen bestimmten Zweck vereinbart wurde* und der *Erfüllung öffentlicher Aufgaben dient*.

Weiter muss die Austauschleistung *angemessen sein* und es muss ein *sachlicher Zusammenhang* zwischen der Leistung der Behörde und der Gegenleistung bestehen.

§ 59 II VwVfG regelt spezielle Nichtigkeitsgründe von subordinationsrechtlichen Verträgen.

Die Voraussetzungen für den Abschluss eines Vergleichsvertrages sind zum einen, dass die bestehende Ungewissheit trotz „verständiger Würdigung des Sachverhalts oder der Rechtslage" besteht und dass die Behörde den Abschluss des Vergleiches (zur Beseitigung der Ungewissheit) „nach pflichtgemäßem Ermessen" für zweckmäßig hält.

An den Voraussetzungen zum Abschluss eines Vergleichsvertrages fehlt es also dann, wenn die Ungewissheit über die Sach- oder Rechtslage nur deshalb besteht, *weil der Fall nicht ausreichend intensiv gewürdigt wurde* oder aber der Vergleich *ermessensfehlerhaft* geschlossen wurde.

Bsp.: *Ist Grund für die Ungewissheit der tatsächlichen Sachlage der, dass der zuständige Sachbearbeiter wegen Urlaubs nicht zur Sachverhaltsaufklärung Zeit hatte, fehlt es an der verständigen Würdigung des Sachverhalts. Die Voraussetzungen für einen Vergleichsvertrag liegen nicht vor.*

Ist Grund für die Ungewissheit der Rechtslage, dass dem zuständigen Sachbearbeiter die erforderlichen Rechtskenntnisse fehlen, fehlt es ebenfalls an der erforderlichen verständigen Würdigung der Rechtslage.

Ermessensfehlerhaft ist der Vergleich dann, wenn bei der Zweckmäßigkeitsabwägung wichtige Interessen der Allgemeinheit missachtet wurden.

Hinweis

In der **Klausur** ist bei der Prüfung der Wirksamkeit des öffentlich-rechtlichen Vertrages zunächst zu prüfen, ob die getroffene Regelung in Form eines VA nichtig wäre. Sodann ist zu prüfen, ob die getroffene Regelung in Form eines VA nicht nur wegen eines Verfahrens- und Formfehlers iSv § 46 VwVfG rechtswidrig wäre. Es ist also genau wie bei der Anfechtungsklage zu prüfen, ob ein entsprechender VA anfechtbar wäre und wegen seiner Rechtswidrigkeit aufgehoben werden könnte.

Soweit man die Aufhebbarkeit wegen Rechtswidrigkeit bejaht, muss dann weiter geprüft werden, ob dies den Vertragspartnern bekannt war oder im Falle eines Vergleichsvertrages, ob dessen Voraussetzungen vorlagen. Wird dies verneint, ist der Vertrag trotz Rechtswidrigkeit wirksam.

Nach **§ 59 II Nr. 4 VwVfG** ist ein öffentlich-rechtlicher **Austauschvertrag** nichtig, *wenn sich die Behörde eine nach § 56 VwVfG unzulässige Gegenleistung versprechen lässt.*

Das ist insbesondere dann der Fall, wenn kein sachlicher Zusammenhang besteht oder ein Verstoß gegen § 56 II VwVfG vorliegt.

Es handelt sich dann um eine unzulässige Koppelung von behördlicher Leistung und Gegenleistung des Bürgers und damit um einen Verstoß gegen das **Koppelungsverbot**.

Bsp.: *Die Gemeinde G möchte ein neues Fußballstadion bauen, hat aber hierfür nicht genügend Finanzmittel. G entschließt sich deshalb, fortan Baugenehmigungen nur noch zu erteilen, wenn sich der Antragsteller zuvor in einem öffentlich-rechtlichen Vertrag zur Zahlung von 10.000 EUR zur Finanzierung des Stadions als Gegenleistung für die Genehmigungserteilung verpflichtet hat.*

Diese Verträge sind nach § 59 II Nr. 4 VwVfG iVm § 56 I 2 VwVfG nichtig, da hier die Gegenleistung nicht angemessen und insbesondere in keinem sachlichen Zusammenhang mit der Erteilung der Baugenehmigung steht. Daneben kommt hier auch eine Nichtigkeit nach § 59 II Nr. 4 VwVfG wegen Verstoßes gegen § 56 II VwVfG in Betracht, soweit G zur Erteilung der beantragten Genehmigungen verpflichtet wäre, da die vereinbarte Unterstützung des Stadionbaus jedenfalls nicht Inhalt einer Nebenbestimmung der Baugenehmigung sein dürfte.

Hinweis

Da es sich bei den Fällen des § 59 II VwVfG um spezielle Nichtigkeitsgründe handelt, empfiehlt es sich in der **Klausur** regelmäßig, zunächst die Nichtigkeitsgründe des § 59 II VwVfG und erst dann die Nichtigkeit nach § 59 I VwVfG zu prüfen.

Zuletzt stellt sich noch die Frage, ob nicht ausnahmsweise eine Anpassung oder gar Kündigung iSv § 60 VwVfG in Betracht kommt.

Rechtsfolge

Kommt man zu dem Ergebnis, dass der öffentlich-rechtliche Vertrag formgerecht zustande gekommen ist und nicht nichtig iSv. § 59 VwVfG und keine wirksame Anpassung oder Kündigung nach § 60 VwVfG erfolgt ist, besteht der Anspruch auf die vertraglich vereinbarte Leistung. Die auf diese Leistung gerichtete allgemeine Leistungsklage ist begründet.

Der nichtige Vertrag hingegen entfaltet keine Rechtswirkungen, aus ihm können sich keine Ansprüche ergeben.

Prüfungsfolge für einen Anspruch aus öffentlich-rechtlichem Vertrag:

Übersicht 4
Vorliegen eines öffentlich-rechtlichen Vertrages

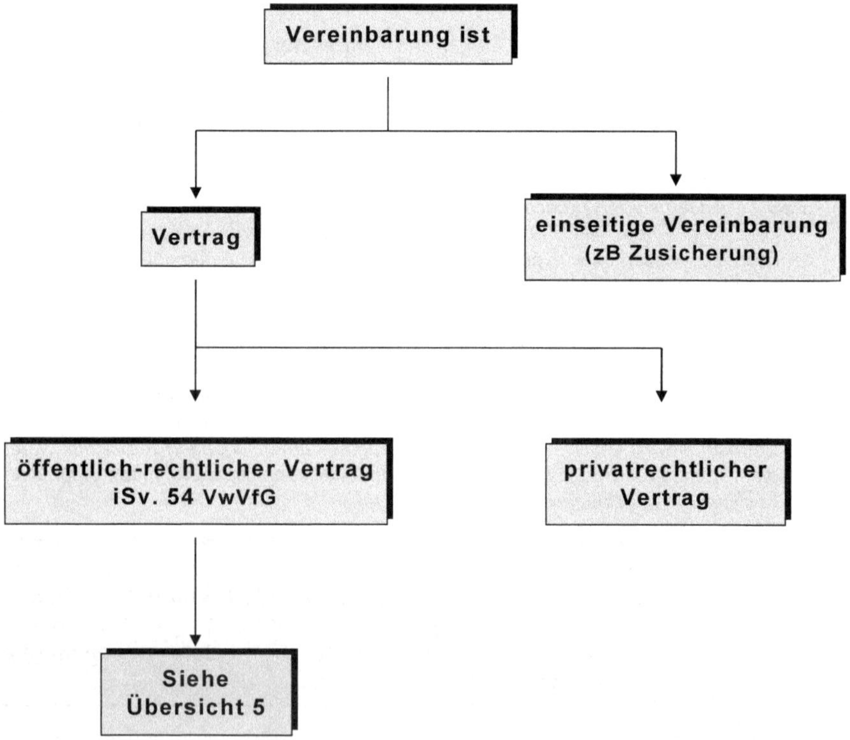

Übersicht 5
Vertrag formgerecht zustande gekommen?

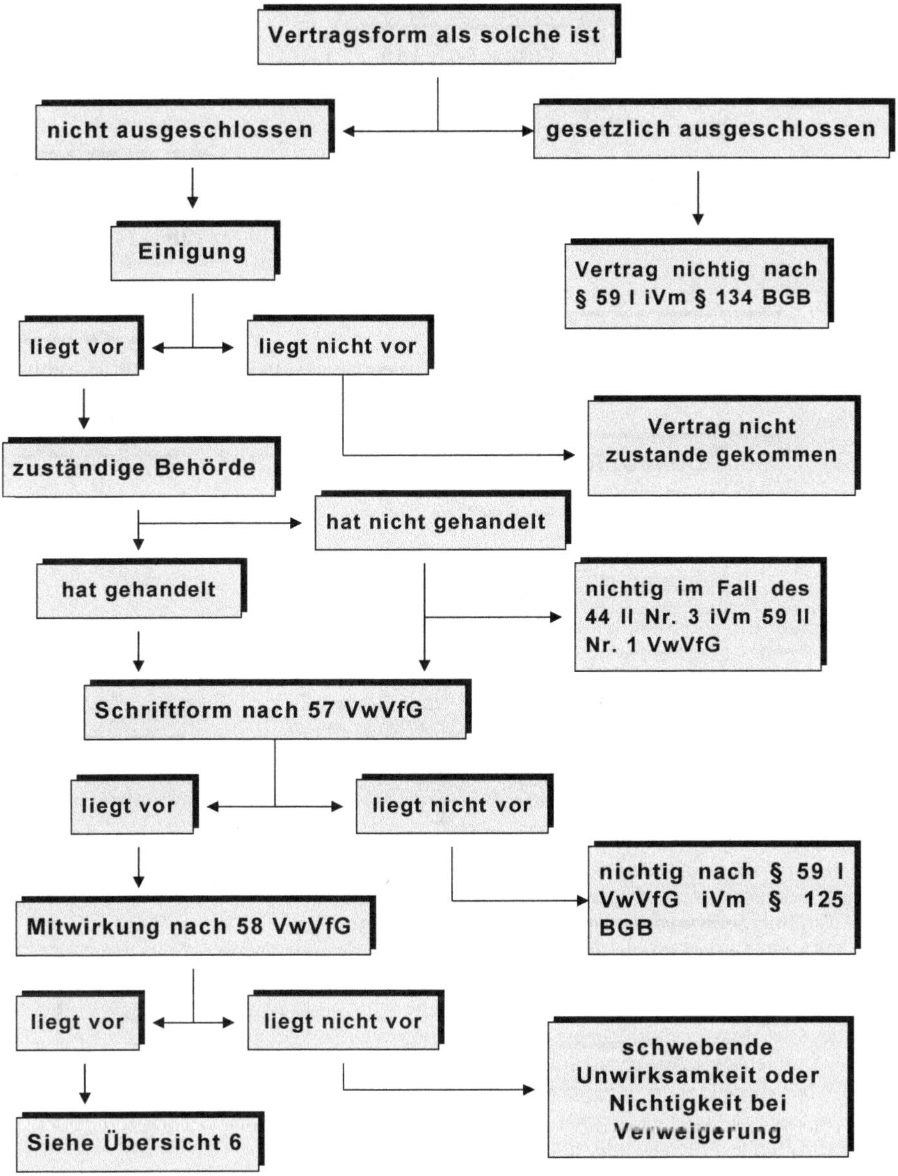

Übersicht 6
Vertrag materiell rechtswirksam?

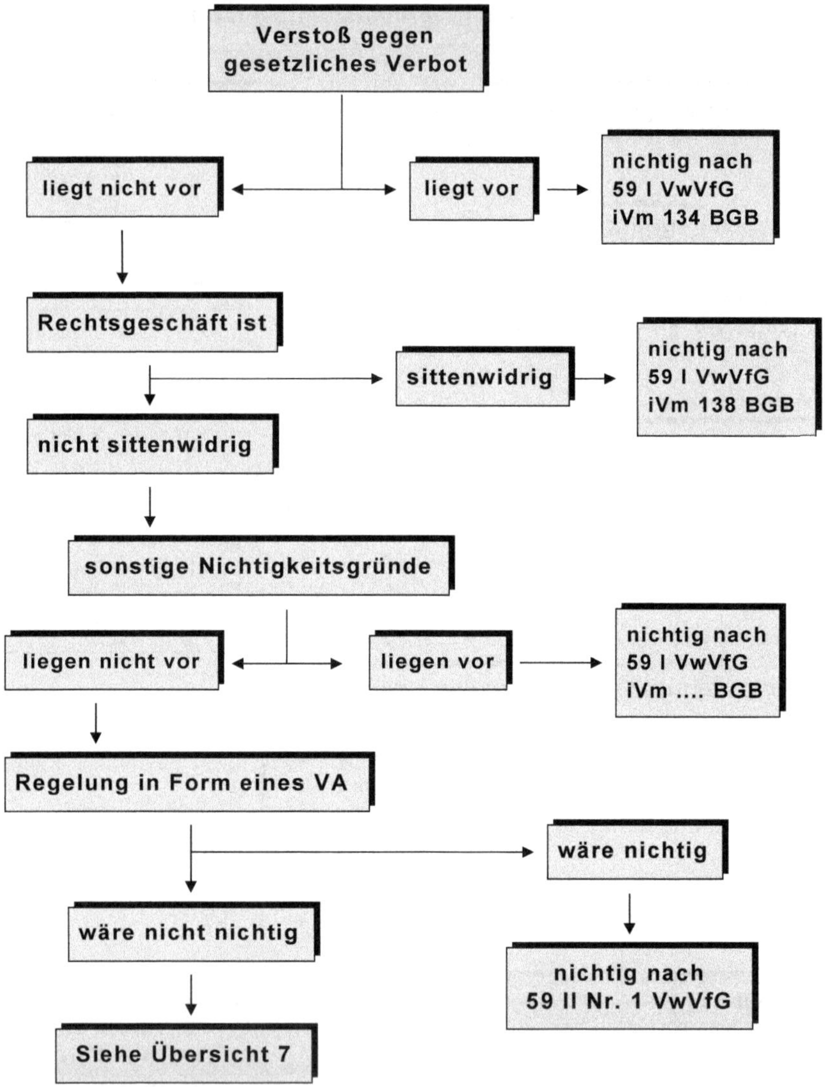

Übersicht 7
Prüfung des Vertragsinhalts

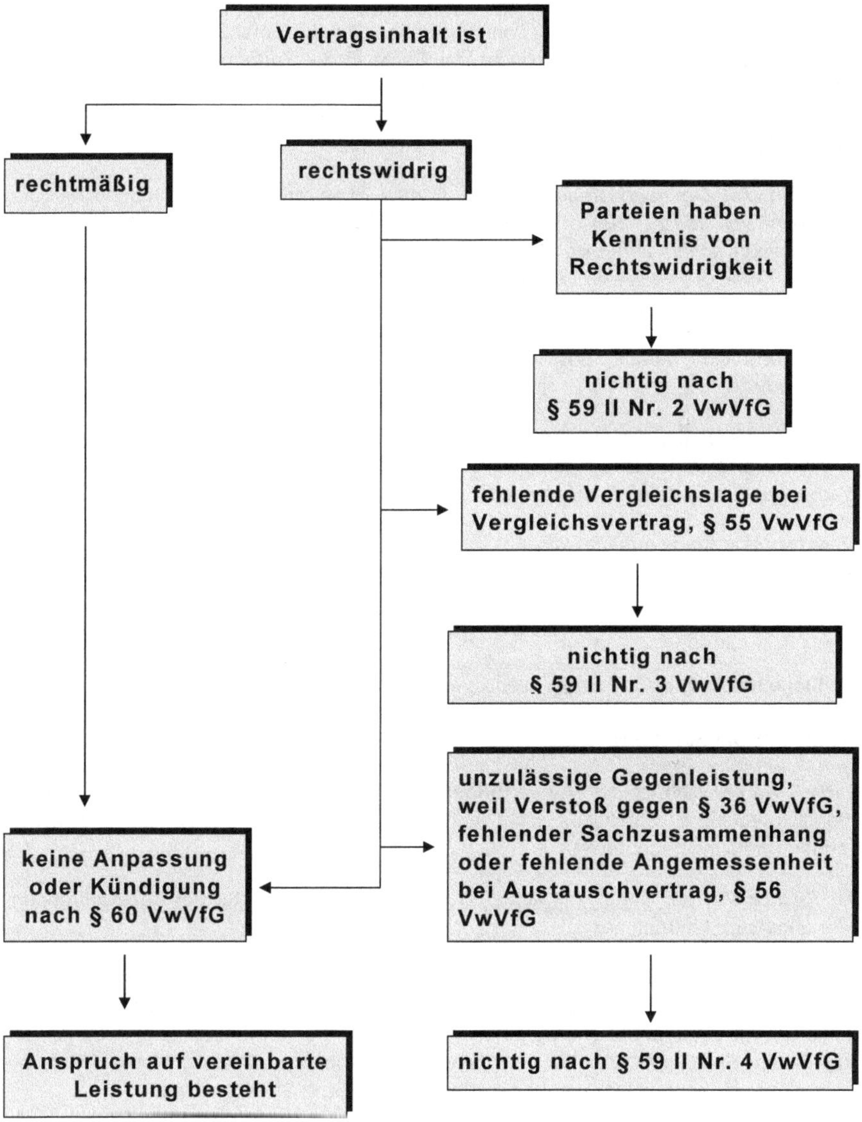

Fall 5

Eine im Bundesland B wirkende Sekte S, ein eingetragener Verein mit religiöser Zielsetzung, hat nach ihrer Satzung u. a. die Aufgabe, den von ihr vertretenen neuen Glauben der heranwachsenden Generation zu vermitteln und diese vor den „gefährlichen und verderblichen Einflüssen des abendländischen Christentums" zu schützen.
Zu diesem Zwecke verteilen Mitglieder der Sekte in der Fußgängerzone und vor den Schulen Flugblätter, in denen die Schüler aufgefordert werden, die Unterrichtsfächer Religion, Ethik, Philosophie und Geschichte zu boykottieren und nicht mehr an diesem Unterricht teilzunehmen.

Daraufhin gibt die Landesregierung von B eine öffentliche Erklärung ab, in der sie allgemein vor dieser Sekte eindringlich warnt und den Aufruf dem Unterricht fernzubleiben scharf verurteilt. B weist in der öffentlichen Erklärung auch darauf hin, dass die Sekte S in anderen Ländern bereits verboten worden sei. Auch behält sie sich ausdrücklich vor, auch künftig vor dieser Sekte zu warnen.

Später stellt sich heraus, dass es ein Verbot der Sekte in anderen Ländern nicht gegeben hat.

S hält das Vorgehen der Landesregierung für rechtswidrig und möchte sich zum einen gegen die erfolgten Äußerungen wehren und zum anderen die angedrohten weiteren Warnungen für die Zukunft unterbinden.

Wäre hier eine Klage erfolgreich?

Lösungsvorschlag

Die Klage hat Aussicht auf Erfolg, wenn sie zulässig und begründet ist.

1. Zulässigkeit der Klage

Nach § 40 I VwGO ist der **Verwaltungsrechtsweg** eröffnet, soweit es sich um eine öffentlich-rechtliche Streitigkeit nicht verfassungsrechtlicher Art handelt und keine Sonderzuweisung gegeben ist.

Die Rechtsnatur der Streitigkeit richtet sich nach der Rechtsnatur der abzuwehrenden oder begehrten Maßnahme.

Hier wehrt sich die Sekte S gegen die öffentlichen Äußerungen, in der die Regierung vor der Sekte S warnt und diese wegen des Aufrufs „verurteilt". Diese Äußerungen hat die Regierung in einer öffentlichen Erklärung in Ausführung und Ausübung ihres Amtes abgegeben. Es handelt sich bei der öffentlichen Erklärung deshalb um eine öffentlich-rechtliche Maßnahme. Damit liegt eine öffentlich-rechtliche Streitigkeit vor.

Der Verwaltungsrechtsweg ist eröffnet.

S ist als eingetragener Verein eine juristische Person des Privatrechts und damit nach § 61 Nr. 1 2. Alt VwGO beteiligtenfähig.

Klagegegner ist nach § 78 I Nr. 1 VwGO das Bundesland B.

Die statthafte Klageart richtet sich nach dem Klägerbegehren. Die Klage richtet sich gegen die erfolgten und in Zukunft befürchteten öffentlichen Äußerungen von B. Die Abgabe von öffentlichen Erklärungen und Warnungen ist nicht auf die Setzung von unmittelbaren Rechtsfolgen gerichtet, so dass es sich mangels Regelungsgehalt nicht um VA handelt, eine Anfechtungsklage kommt damit nicht in Betracht.

Zur „Beseitigung" der durch die Warnung und durch die Unterstellung erfolgten Beeinträchtigung und möglicherweise Diskriminierung und Schädigung von S kommt die Vornahme eines Widerrufs in Betracht.

Soweit sich S also gegen die erfolgte Erklärung wehren will, ist ihr Klagebegehren auf die Verpflichtung zum Widerruf gerichtet.

Soweit S die Verhinderung von weiteren solchen Erklärungen erreichen will, begehrt sie die Verpflichtung der B, solche Erklärungen in der Zukunft zu unterlassen.

Widerruf und Unterlassen stellen keine Rechtshandlungen, sondern tatsächliches Handeln dar. Es handelt sich um Realakte. Eine Verpflichtungsklage kommt somit mangels VA-Eigenschaft der begehrten Handlungen nicht in Betracht.

Für beide Klagebegehren ist damit die auf ein Handeln, Dulden oder Unterlassen gerichtete allgemeine Leistungsklage statthaft. Im ersteren Fall in Form einer Abwehrklage, im anderen Fall in Form einer vorbeugenden Unterlassungsklage.

Die Klagebefugnis analog § 42 II VwGO ergibt sich hier aus einer möglichen Verletzung von Art. 4 I, II GG.

Die Durchführung eines Vorverfahrens ist bei der allgemeinen Leistungsklage nicht erforderlich. Auch gibt es keine Klagefrist.

Soweit mit der Unterlassungsklage Schutz vor zukünftigen Rechtsbeeinträchtigungen begehrt wird, ist ein besonderes Rechtsschutzbedürfnis erforderlich.

Das Rechtsschutzbedürfnis ergibt sich hier schon aus dem Umstand, dass durch nachträglichen Rechtsschutz die rechtsbeeinträchtigenden Wirkungen nicht in vollem Umfang abgewehrt werden können. Des Weiteren besteht hier aufgrund des ausdrücklichen Vorbehalts von B, weiter vor der Sekte zu warnen, eine *konkrete* Wiederholungsgefahr.

Die auf Widerruf und Unterlassung gerichtete allgemeine Leistungsklage ist damit zulässig.

2. Die Begründetheit des Widerrufsanspruches

Bei dem Widerrufsanspruch handelt es sich um einen Unterfall des gewohnheitsrechtlich anerkannten Folgenbeseitigungsanspruches: Mit diesem Anspruch soll der ursprüngliche Zustand wiederhergestellt werden, er ist auf die Beseitigung eines rechtswidrigen Zustandes gerichtet.

Es handelt sich dabei um einen Restitutionsanspruch und nicht um einen Wiedergutmachungsanspruch.

Fraglich ist, ob ein Widerrufsanspruch nur gegen unwahre Tatsachenbehauptungen oder auch gegen Werturteile bestehen kann. Ehrverletzende Meinungsäußerungen können nicht durch nachträgliche Erklärungen oder Gegendarstellungen „aus der Welt geschafft oder korrigiert" werden. Man kann sich allenfalls für sie „entschuldigen". Dadurch werden sie jedoch nicht ungeschehen gemacht bzw. beseitigt.

Der Widerruf als Erklärung, das zuvor Geäußerte sei unwahr, kommt demnach nur bei solchen Äußerungen in Betracht, die auf ihren Wahrheitsgehalt überprüft werden können, also bei Tatsachenbehauptungen.

Bezüglich der „Verurteilung" des Inhalts der verteilten Flugblätter und bezüglich der Warnung vor der Sekte, kann S deshalb keinen Widerrufsanspruch geltend machen: Mangels Tatsachenbehauptung können diese Äußerungen nicht widerrufen werden.

Etwas anderes könnte aber bezüglich der Äußerung gelten, S sei in anderen Ländern bereits verboten worden. Hierbei handelt es sich um eine dem Beweis zugängliche Behauptung, mithin um eine Tatsachenbehauptung. Da die Sekte in Wirklichkeit in keinem Land verboten wurde, handelt es sich um eine unwahre Tatsachenbehauptung.

Die Äußerung beeinträchtigt auch die durch Art. 4 I, II GG geschützten Tätigkeiten der S und stellt (soweit ein solcher bei juristischen Personen für möglich erachtet wird) auch einen Eingriff in Art. 2 I GG iVm Art. 1 I GG dar.

Dieser Eingriff müsste noch andauern. Da die Tatsachenbehauptung weiterhin „im Raum steht" (vgl. oben) und eine unwahre Tatsachenbehauptung niemals gerechtfertigt sein kann, liegt auch ein noch andauernder rechtswidriger Zustand vor.

Damit liegen die Voraussetzungen eines Folgenbeseitigungsanspruches vor. S hat einen Anspruch auf Widerruf der Behauptung, S sei in anderen Ländern verboten worden.

3. Die Begründetheit der auf Unterlassen gerichteten Klage

Die öffentliche Erklärung, in der vor S gewarnt wurde, wurde von der Regierung des Bundeslandes B abgegeben. Richtige Beklagte ist damit B.

Anspruchsgrundlage ist der gewohnheitsrechtlich anerkannte allgemeine öffentlich-rechtliche Unterlassungsanspruch.

Voraussetzung für einen Unterlassungsanspruch ist, dass durch eine hoheitliche Maßnahme in ein subjektives Recht des Betroffenen eingegriffen wurde und dieser Eingriff rechtswidrig ist.

Die öffentliche Erklärung, in der B vor der Sekte warnt und mitteilt, dass diese in anderen Ländern bereits verboten worden sei, stellt eine hoheitliche Maßnahme dar, vgl. oben.

In Betracht kommt hier ein Eingriff in Art. 4 I, II GG.

Art. 4 I, II GG ist weit auszulegen, geschützt wird dadurch insbesondere auch das Werben für religiöse Überzeugungen. Da die Sekte religiöse Ziele verfolgt und auch ihre Aktionen (Verteilung von Flugblättern) der Verbreitung ihres Glaubens dienen, kann sich S jedenfalls auf die kollektive Glaubensfreiheit berufen.

Die öffentliche Äußerung stellt keinen „klassischen" Eingriff dar, wie beispielsweise ein Verbot der Sekte oder ein Verbot der Verbreitung der Flugblätter. Die öffentliche Warnung und Verurteilung stellt aber einen faktischer Eingriff dar, der eine tatsächliche Beeinträchtigung der Ausübung der durch Art. 4 I, II GG geschützten Grundrechte darstellt.

Durch die öffentliche Warnung und „Verurteilung" hat B damit in das subjektive Recht der S aus Art. 4 I, II GG eingegriffen.

Ein Unterlassungsanspruch besteht aber nur dann, wenn dieser Eingriff ungerechtfertigt erfolgte und weitere Eingriffe drohen.

Da sich die B weitere Äußerungen ausdrücklich vorbehalten hat, ist eine Wiederholungsgefahr gegeben. Ein vorbeugender Unterlassungsanspruch besteht damit dann, wenn die öffentliche Erklärung einen rechtswidrigen Eingriff in Art. 4 I, II GG darstellt.

Die grundsätzliche Handlungsbefugnis ergibt sich hier aus der allgemeinen Befugnis der Regierung zur Öffentlichkeitsarbeit und Aufklärung der Bevölkerung über mögliche Gefahren.

Art. 4 I, II GG beinhalten allerdings vorbehaltlos gewährleistete Grundrechte, so dass hier ein Eingriff nur durch verfassungsimmanente Schranken gerechtfertigt werden kann.

Im konkreten Fall kommt Art. 7 GG in Betracht. Im Rahmen einer praktischen Konkordanz muss hier zwischen den beiden Grundrechten unter Berücksichtigung des Übermaßverbotes und des Verhältnismäßigkeitsprinzips abgewogen werden.

Entscheidend ist dabei zum einen der genaue Inhalt der Flugblätter, die „Verbreitungsdichte" auf der einen Seite und der Inhalt der öffentlichen Erklärung von B auf der anderen Seite.

Zu beachten ist hier, dass das Flugblatt auch unmittelbar vor Schulen verteilt wurde, Kinder in diesem Alter leicht zu beeinflussen sind und das Flugblatt auch direkt dazu auffordert, vom Unterricht fernzubleiben, obwohl die Schüler zur Teilnahme am Unterricht verpflichtet sind. Außerdem ist der herausragenden Bedeutung von Bildung und der Gewährleistung eines ordentlichen Unterrichts Rechnung zu tragen. Daher ist hier davon auszugehen, dass eine Warnung und „Verurteilung" grundsätzlich gerechtfertigt ist.

Da es sich bei der Alternative, das Verteilen der Flugblätter ganz zu untersagen, um einen noch stärkeren Eingriff in den Schutzbereich von Art. 4 I, II GG handeln würde, handelt es sich bei der Warnung und Verurteilung auch um eine verhältnismäßige Maßnahme.

Damit ist der Eingriff in Art. 4 I, II GG gerechtfertigt.

Aufgrund der Warnung und „Verurteilung" und einer damit möglicherweise verbundenen Diskriminierung kommt auch ein Eingriff in das allgemeine Persönlichkeitsrecht aus Art. 2 I iVm Art. 1 I GG in Betracht. Allerdings ist schon fraglich, ob sich juristische Personen bzw. Personenvereinigungen überhaupt darauf berufen können. Auf jeden Fall aber ist der Eingriff hier aber aus den o. g. Gründen verhältnismäßig und gerechtfertigt.

Damit handelt es sich um einen gerechtfertigten Grundrechtseingriff, die Warnung und „Verurteilung" der Sekte durch die öffentliche Erklärung war rechtmäßig.

Der S steht kein Unterlassungsanspruch gegen B zu.

Ergebnis:
Soweit S von B den Widerruf der Behauptung, S sei in anderen Ländern verboten worden, begehrt, ist die allgemeine Leistungsklage begründet. Im Übrigen ist die allgemeine Leistungsklage unbegründet.

Fall 6

Landwirt L der kreisfreien Stadt S betreibt eine größere Rinderzucht. Seine Rinder hält er dabei das Jahr über auf einer ihm gehörenden Wiese außerhalb der bebauten Ortsteile.

Die Gemeinde erteilt dem Nachbarn N eine Bauerlaubnis zum Bau einer Autolackiererei auf dessen Grundstück, das direkt an die Wiese des L angrenzt.

Da L durch die Emissionen der Fabrik eine starke Gesundheitsgefährdung befürchtet, erhebt er Anfechtungsklage mit dem Antrag, die erteilte Baugenehmigung wieder aufzuheben.

Noch während das verwaltungsgerichtliche Verfahren lief, schloss L mit der Stadt S mit Zustimmung des N schriftlich einen außergerichtlichen Vergleich, in dem u. a. vereinbart wurde:

„Die beklagte Stadt S sagt dem Kläger L bezüglich seines Wiesengrundstückes die Erteilung einer Baugenehmigung zur Errichtung eines Viehstalles zu. Der Kläger verpflichtet sich, seine Klage gegen die dem N erteilte Baugenehmigung zurückzunehmen und erklärt sich mit der Erteilung dieser Genehmigung ausdrücklich einverstanden."

L nahm daraufhin seine Klage zurück und beantragte eine Baugenehmigung gemäß der vertraglichen Vereinbarung.

Die zuständige Behörde lehnte dies mit der tatsächlich zutreffenden Begründung ab, dass die Voraussetzungen des § 35 BauGB nicht vorliegen würden und die Erteilung der Baugenehmigung deshalb gegen bauordnungsrechtliche Vorschriften verstoßen würde.

Nach erfolglosem Widerspruchsverfahren erhebt L fristgemäß Klage auf Erteilung der Baugenehmigung.

Hat die eingereichte Klage Aussicht auf Erfolg?

Lösungsvorschlag

Die Klage hat Aussicht auf Erfolg, wenn sie zulässig und begründet ist.

1. Zulässigkeit der Klage

Zunächst müsste der **Verwaltungsrechtsweg** eröffnet sein. Nach § 40 I VwGO ist der Verwaltungsrechtsweg in allen öffentlich-rechtlichen Streitigkeiten nichtverfassungsrechtlicher Art eröffnet, soweit keine abdrängende Sonderzuweisung besteht.

Der Kläger L begehrt hier den Erlass einer Baugenehmigung, zu deren Erlass sich die Behörde vertraglich verpflichtet hat. Dem L geht es damit um die Durchsetzung eines vertraglichen Anspruches.

Eine *öffentlich-rechtliche Streitigkeit* liegt deshalb dann vor, wenn es sich bei diesem Anspruch um einen öffentlich-rechtlichen Anspruch handelt. Das ist dann der Fall, wenn es sich bei dem Vertrag um einen öffentlich-rechtlichen Vertrag iSv §§ 54 ff VwVfG handelt.

L hat sich in dem Vertrag mit der Stadt S geeinigt. Der Abschluss dieser Vereinbarung war dem L freigestellt. Es handelt sich um einen *Vertrag*.

Um einen *öffentlich-rechtlichen Vertrag* handelt es sich dann, wenn es sich beim Vertragsgegenstand, also der im Vertrag getroffenen Regelung, um eine öffentlich-rechtliche Regelung handelt. Dabei reicht es aus, wenn eine Verpflichtung öffentlich-rechtlich zu beurteilen ist. Hier verpflichtet sich S gegenüber L zum Erlass einer Baugenehmigung. Der Vertrag beinhaltet damit eine Verpflichtung der Behörde, die nur durch den Erlass eines VA und damit durch hoheitliches Handeln erfüllt werden kann. Die Verpflichtung ist damit eine öffentlich-rechtliche Regelung, es handelt sich um einen öffentlich-rechtlichen Vertrag.

Da es sich um keine verfassungsrechtliche Streitigkeit handelt und eine Sonderzuweisung nicht ersichtlich ist, ist der Verwaltungsrechtsweg gemäß § 40 I VwGO eröffnet.

Die **statthafte Klageart** richtet sich nach dem Klagebegehren des Klägers: L begehrt hier einen Anspruch aus einem öffentlich-rechtlichen Vertrag, so dass eine allgemeine Leistungsklage in Betracht kommt. Allerdings begehrt L hier konkret den Erlass einer Baugenehmigung und damit den Erlass eines VA iSv. § 35 VwVfG. Statthafte Klageart ist hier deshalb die Verpflichtungsklage. Dass als Anspruchsgrundlage hier neben einer Rechtsnorm auch ein öffentlich-rechtlicher Vertrag in Betracht kommt, spielt dabei keine Rolle.

Die **Klagebefugnis** nach § 42 II VwGO ergibt sich hier aus der möglichen Verletzung des subjektiven Rechts des L auf Erlass der begehrten Baugenehmigung.

Ein **ordnungsgemäßes Widerspruchsverfahren** wurde durchgeführt, die Klage wurde auch **fristgerecht** eingereicht.

Damit ist die Klage zulässig.

2. Begründetheit der Klage

Die Klage ist begründet, wenn L einen Anspruch auf Erlass der Baugenehmigung hat und durch die Ablehnung in einem subjektiven Recht verletzt wird.

In Betracht kommt zunächst ein **Anspruch** aus den *bauordnungsrechtlichen Vorschriften*. Danach besteht ein Anspruch auf Erlass der Baugenehmigung aber nur dann, wenn dem Bauvorhaben keine öffentlich-rechtlichen Vorschriften entgegenstehen (vgl. die jeweiligen landesrechtlichen Vorschriften der Bauordnungen).

Hier stehen aber dem Vorhaben des L solche Vorschriften entgegen: Die Voraussetzungen des § 35 BauGB liegen nicht vor. Ein Anspruch aus den bauordnungsrechtlichen Vorschriften liegt nicht vor, da die Tatbestandsvoraussetzungen für den Erlass der begehrten Genehmigung nicht vorliegen.

Der Anspruch auf die Baugenehmigung könnte sich hier aber *aus dem öffentlich-rechtlichen Vertrag* ergeben. S hat sich in diesem Vertrag zum Erlass der Genehmigung verpflichtet. Der Anspruch aus dem öffentlich-rechtlichen Vertrag besteht allerdings nur dann, wenn dieser **Vertrag überhaupt wirksam** ist. Das ist dann der Fall, wenn er formgerecht zustande gekommen ist und nicht wegen inhaltlicher Fehler unwirksam ist.

Zuständig ist nach § 54 VwVfG derjenige, der für den Erlass des VA zuständig wäre. Die Stadt S ist hier als kreisfreie Stadt untere Bauaufsichtsbehörde und damit für den Erlass von Baugenehmigungen *zuständig* (vgl. die jeweiligen landesrechtlichen Regelungen).

Das *Schriftformerfordernis* nach § 57 VwVfG wurde gewahrt.

N hat hier dem Vertrag zugestimmt, so dass auch die Wirksamkeitsvoraussetzung des *§ 58 VwVfG* gegeben ist.

Der öffentlich-rechtliche Vertrag ist damit *formgerecht zustande gekommen.*

Der Vertrag müsste aber auch *materiell rechtswirksam* ist. Das ist immer dann der Fall, wenn er nicht nach § 59 VwVfG nichtig ist.

Nach **§ 59 II Nr. 1 VwVfG** ist der Vertrag nichtig, wenn *ein VA mit entsprechendem Inhalt nichtig wäre.*

Die Verpflichtung zum Erlass der Baugenehmigung verstößt hier gegen bauordnungsrechtliche Vorschriften. Damit wäre ein entsprechender VA zwar rechtswidrig, nicht jedoch nichtig. Es liegt kein Fall des § 44 VwVfG vor, so dass der Vertrag jedenfalls nicht nach § 59 II Nr. 1 VwVfG nichtig ist.

Da weder die Stadt S noch L bei Vertragsschluss *wussten*, dass die versprochene Baugenehmigung gegen bauplanungsrechtliche Vorschriften verstößt, war den Vertragsparteien die Rechtswidrigkeit der Vereinbarung nicht bekannt. Damit ist der Vertrag trotz Rechtswidrigkeit nicht nach **§ 59 II Nr. 2 VwVfG** nichtig.

Der Vertrag könnte aber nach **§ 59 II Nr. 3 VwVfG** nichtig sein, wenn es sich bei dem geschlossen Vertrag um einen *Vergleichsvertrag iSv § 55 VwVfG* handelt, die Voraussetzungen zum Abschluss eines Vergleichsvertrages nicht vorlagen und ein VA mit entsprechendem Inhalt rechtswidrig wäre.

Es müsste sich also zunächst um einen Vergleichsvertrag iSv § 55 VwVfG handeln.

Ein solcher liegt dann vor, wenn *aufgrund einer Ungewissheit* ein öffentlich-rechtlicher Vertrag geschlossen wird, in dem sich beide durch *gegenseitiges Nachgeben* auf einen Vergleich einigen.

Ein gegenseitiges Nachgeben scheint hier gegeben zu sein: Der K nimmt seine Klage zurück und S verspricht den Erlass einer Baugenehmigung. Die erforderliche Ungewissheit bezog sich hier auf den ungewissen Ausgang des Prozesses, bzw. auf die Frage der Rechtmäßigkeit der gegenüber dem N erlassenen Genehmigung.

Allerdings müssen sich die *Ungewissheit und das Nachgeben auf dieselben Probleme beziehen*. Die Ungewissheit, die durch die Vereinbarung beseitigt werden sollte, betraf die Erfolgsaussichten der Klage des L. Zwar stand sein Nachgeben, nämlich die Rücknahme der Klage, hier im Zusammenhang mit dieser Ungewissheit. Die von S versprochene Gegenleistung, der Erlass der Baugenehmigung dagegen hat mit der Ungewissheit über die Begründetheit der Anfechtungsklage, bzw. über die Rechtmäßigkeit der gegenüber dem N erlassenen Genehmigung nichts zu tun. Hier fehlt es deshalb an dem erforderlichen sachlichen Zusammenhang zwischen Ungewissheit und Nachgeben.

Da also kein Vergleichsvertrag iSv § 55 VwVfG vorliegt, kommt eine Nichtigkeit nach § 59 II Nr. 3 VwVfG nicht in Betracht.

Der Vertrag könnte weiter nach **§ 59 II Nr. 4 VwVfG** nichtig sein. Das ist dann der Fall, wenn es sich um einen *Austauschvertrag nach § 56 VwVfG* handelt und es sich bei der von L versprochenen Gegenleistung um eine *unzulässige Gegenleistung* handelt.

Bei der Klagerücknahme des L handelt es sich um eine Gegenleistung für die versprochene Baugenehmigung. Die vertraglichen Leistungen stehen hier also in einem Gegenseitigkeitsverhältnis, ein Austauschvertrag liegt vor.

Es kann davon ausgegangen werden, dass die Klagerücknahme zulässig war. Sie stand in einem sachlichen Zusammenhang zur versprochenen Baugenehmigung und dient auch der Erfüllung öffentlicher Aufgaben (im weiten Sinne). Da hier nur auf die Zulässigkeit der Gegenleistung des Vertragspartners der Behörde abgestellt wird, spielt es hier keine Rolle, dass sich die Behörde zu einer unzulässigen (nämlich rechtswidrigen) Gegenleistung verpflichtet hat.

In Betracht kommt aber die Nichtigkeit des Vertrages nach **§ 59 I VwVfG iVm § 134 BGB**.

Dabei ist aber zu beachten, dass die Regelung des § 59 VwVfG insbesondere dem Grundsatz der Vertragsbindung dient. Sie enthält eine differenzierende Fehlerregelung in § 59 II VwVfG. Danach soll gerade nicht jeder Verstoß gegen ein gesetzliches Verbot zur Nichtigkeit des öffentlich-rechtlichen Vertrages führen. Ansonsten wäre diese Differenzierung ja überflüssig.

Ob im konkreten Fall Nichtigkeit nach § 59 I iVm 134 BGB vorliegt oder nicht, ist durch *Abwägung* zu ermitteln. Entscheidend ist, ob der *Vertrauensschutz des L und der Grundsatz der unbedingten Vertragsbindung* hier gegenüber dem Interesse der Verwaltung, *keine rechtswidrigen Genehmigungen* zu erteilen, überwiegt.

Dabei ist zu berücksichtigen, dass der L sich gegen die Genehmigung der Autolackiererei jetzt nicht mehr wehren kann (wegen der Bestandskraft und des gegenüber dem N geltenden Vertrauensschutzes), dass gerade auch dies den Bau des von ihm beabsichtigten Viehstalles erforderlich macht und dass L aufgrund des Vertragsschlusses darauf vertrauen durfte, dass die Baugenehmigung auch erlassen wird. Da hier auch keine Anhaltspunkte dafür vorliegen, dass der Erlass der (rechtswidrigen) Baugenehmigung besonders wichtige Belange der Allgemeinheit verletzen würde, liegt hier kein Verstoß gegen § 134 BGB vor.

Der Vertrag ist damit nicht nach § 59 I VwVfG iVm 134 BGB nichtig.

Damit ist der öffentlich-rechtliche Vertrag wirksam. L hat einen Anspruch auf Erlass der begehrten Baugenehmigung aus dem zwischen ihm und der Stadt geschlossenen öffentlich-rechtlichen Vertrag. Die Ablehnung verletzt den L in seinem subjektiven Recht auf Erlass der Genehmigung.

Die Klage ist begründet.

Wiederholungsfragen zum 3. Kapitel 2. Teil

1. Auch bei der allgemeinen Leistungsklage wird eine Anspruchsgrundlage benötigt, aus der sich der geltend gemachte Anspruch ergibt. Worin liegt bezüglich der Anspruchsgrundlagen ein wichtiger Unterschied zu den bisher erörterten Klagearten?

Bei der allgemeinen Leistungsklage kommen als Anspruchsgrundlage neben Rechtsnormen auch noch VAe, öffentlich-rechtliche Verträge oder Zusicherungen und ungeschriebene, gewohnheitsrechtlich jedoch anerkannte Anspruchsgrundlagen (Abwehr- und Unterlassungsansprüche, Folgenbeseitigungsansprüche) in Betracht.

2. Welche Fälle der allgemeinen Leistungsklage stehen der Anfechtungs- und Verpflichtungsklage am nächsten und warum?

Fälle, in denen es um die Geltendmachung von öffentlich-rechtlichen Abwehr- oder Leistungsansprüchen geht, die sich aus Rechtsnormen ergeben. Und zwar deshalb, weil in diesen Fällen eine Rechtsnorm Ermächtigungs- oder Anspruchsgrundlage darstellt und der einzige Unterschied zur Anfechtungs- oder Verpflichtungsklage darin liegt, dass es sich bei der angegriffenen oder begehrten Maßnahme nicht um einen VA handelt.

3. Soweit sich der geltend gemachte Anspruch auf ein bestimmtes Verwaltungshandeln aus einem (nach öff.-rechtl. Normen relevanten) Verhalten (Realakte oder Unterlassen) ergibt, kommt als Anspruchsgrundlage der sog. Folgenbeseitigungsanspruch in Betracht. Worauf konkret ist dieser FBA gerichtet?

Der FBA ist auf die Beseitigung eines rechtswidrigen Zustandes und auf die Wiederherstellung des ursprünglichen Zustandes gerichtet.

4. Wie lauten die (Tatbestands-) Voraussetzungen des FBA?

durch eine hoheitliche Maßnahme

wurde in ein subjektives Recht des Betroffenen eingegriffen und dadurch

ein rechtswidriger, noch andauernder Zustand geschaffen und die

Wiederherstellung des früheren Zustandes ist möglich, rechtlich zulässig und zumutbar.

5. Zur Abgrenzung gegenüber welchem Verwaltungshandeln dient das Merkmal der hoheitlichen Maßnahme?

Zur Abgrenzung gegenüber privatrechtlichem Verwaltungshandeln. Handelt die Verwaltung privatrechtlich, kommen nur privatrechtliche Ansprüche in Betracht. Der öffentlich-rechtliche FBA setzt deshalb voraus, dass es sich bei der in Frage stehenden Verwaltungshandlung um eine hoheitliche Maßnahme handelt.

6 Was ist beim FBA bzgl. des erforderlichen Eingriffes durch eine hoheitliche Maßnahme in ein subjektives Recht des Betroffenen besonders zu beachten?	Zu beachten ist, dass der Eingriff selbst nicht rechtswidrig zu sein braucht, sondern lediglich der dadurch geschaffene Zustand.
7. Typische Fälle, in denen der Eingriff selbst zunächst rechtmäßig war und dennoch ein rechtswidriger Zustand geschaffen wurde?	Typisch sind die Fälle, in denen ein rechtmäßiger VA vollzogen wurde und der dem Vollzug zugrundeliegende VA seine Wirkung verliert.
8. Warum setzt der FBA voraus, dass der rechtswidrige Zustand noch nicht beendet ist?	Weil der FBA ausschließlich auf Beseitigung gerichtet ist. Ist der rechtswidrige Zustand bereits beendet, kann er nicht mehr beseitigt werden.
9. Was ist zu prüfen, wenn als Anspruchsgrundlage für den geltend gemachten Anspruch ein zwischen den Parteien geschlossener Vertrag in Betracht kommt?	Zu prüfen ist, ob es sich dabei überhaupt um einen öffentlich-rechtlichen Vertrag handelt und ob dieser rechtswirksam ist.
10. Was ist entscheidend für die Abgrenzung zwischen privatrechtlichem und öffentlich-rechtlichem Vertrag?	Die Rechtsnatur des Vertragsgegenstandes. Handelt es sich um eine öffentlich-rechtliche Regelung, handelt es sich auch um einen öffentlich-rechtlichen Vertrag.
11. Wann besteht der Anspruch aus dem öffentlich-rechtlichen Vertrag?	Dann, wenn der Vertrag formgerecht zustande gekommen ist und nicht nichtig ist.
12. Welches sind die wichtigsten Formvorschriften, bei deren Missachtung der Vertrag nicht wirksam geschlossen wurde?	Das Schriftformerfordernis des § 57 VwVfG und das „Zustimmungs- bzw. Mitwirkungserfordernis" des § 58 VwVfG.
13. Welche Norm regelt, wann ein öffentlich-rechtlicher Vertrag unwirksam ist und was genügt nicht?	§ 59 VwVfG regelt dies abschließend. Die bloße Rechtswidrigkeit genügt nicht.

14. Wann handelt es sich bei einem öffentlich-rechtlichen Vertrag um einen subordinationsrechtlichen, wann um einen koordinationsrechtlichen Vertrag?

Subordinationsrechtlich, wenn der Vertrag zwischen Parteien geschlossen wird, die in einem Über-Unterordnungsverhältnis zueinander stehen; koordinationsrechtlich, wenn der Vertrag zwischen zwei gleichgeordneten Trägern öffentlicher Verwaltung geschlossen wird.

15. Weshalb ist die Unterscheidung zwischen subordinationsrechtlichen und koordinationsrechtlichen Verträgen wichtig?

Die §§ 55 und 56 VwVfG und insbesondere § 59 II VwVfG gelten nur für subordinationsrechtliche Verträge.

4. Kapitel

Die allgemeine Feststellungsklage

I. Die Zulässigkeitsvoraussetzungen der allgemeinen Feststellungsklage

1) Die Klageart

a) Feststellung des Bestehens oder Nichtbestehens eines Rechtsverhältnisses

Die Feststellungsklage nach § 43 VwGO ist statthafte Klageart, wenn der Kläger die Feststellung des Bestehens oder Nichtbestehens eines Rechtsverhältnisses oder der Nichtigkeit eines VA begehrt.

Man unterscheidet also die
- auf die Feststellung des Bestehens eines Rechtsverhältnisses (positive FK),
- auf die Feststellung des Nichtbestehens eines Rechtsverhältnisses (negative FK)
- auf die Feststellung der Nichtigkeit eines VA

gerichtete allgemeine Feststellungsklage.

Hinweis

Da ein nichtiger VA mangels Existenz nicht aufgehoben werden kann, wäre eine Anfechtungsklage (die ja auf die Aufhebung des VA gerichtet ist) gegen einen nichtigen VA eigentlich nicht einschlägig, sondern nur die auf die Feststellung der Nichtigkeit des VA gerichtete Feststellungsklage. Da in den Fällen, in denen sich herausstellt, dass der VA zwar rechtswidrig, aber nicht nichtig ist, die auf Feststellung der Nichtigkeit des VA gerichtete Feststellungsklage unbegründet wäre (und eine folgende Anfechtungsklage möglicherweise verfristet) und dem Betroffenen eine Abgrenzung zwischen Rechtswidrigkeit und Nichtigkeit nicht zugemutet werden kann, ist die Anfechtungsklage auch gegen nichtige VA zulässig.

In den allermeisten Fällen der allgemeinen Feststellungsklage geht es um die Feststellung des Bestehens oder Nichtbestehens eines Rechtsverhältnisses.

Exkurs: Definition des Begriffes Rechtsverhältnis iSv. § 43 VwGO

Unter einem **Rechtsverhältnis** versteht man eine *rechtliche Beziehung zwischen Rechtssubjekten.* Eine solche Beziehung und damit ein öffentlich-rechtliches Rechtsverhältnis kann *durch Gesetz, durch VA, durch öffentlich-rechtlichen Vertrag oder durch ein sonstiges öffentlich-rechtliches Verhalten (zB Realakt) begründet, verändert oder aufgehoben werden.*

Bsp: *Nach dem IHK-Gesetz wird mit Erfüllung der entsprechenden Tatbestandsvoraussetzungen automatisch die Zwangsmitgliedschaft in der Industrie- und Handelskammer und damit ein Rechtsverhältnis begründet.*

Gewerberechtliche Vorschriften regeln, wer für welche Tätigkeit eine Genehmigung benötigt oder nicht und damit ob ein Rechtsverhältnis besteht oder nicht.

Rechtsnormen, die die Verwaltung zum Erlass von VA ermächtigen (=berechtigen), begründen Rechtsverhältnisse zwischen Verwaltung und Bürger, wenn die Tatbestandsvoraussetzungen vorliegen, sprich, wenn die Verwaltung zum Erlass berechtigt ist.

Der aufgrund einer solchen Rechtsnorm erlassene VA, der den Adressaten zu einer bestimmten Handlung verpflichtet, begründet ebenfalls ein Rechtsverhältnis.

Ein Rechtsverhältnis iSv. § 43 VwGO wird üblicherweise definiert, als „eine sich aus einem konkreten Sachverhalt aufgrund einer öffentlich-rechtliche Regelung ergebende rechtlichen Beziehung einer Person zu einer anderen Person oder Sache."

Dabei handelt es sich auch bei den sog. rechtlichen Beziehungen zwischen einer Person und einer Sache um rechtliche Beziehungen zwischen Personen, die durch die Sache aber vermittelt werden.

Da rechtliche Beziehungen zwischen Personen immer durch subjektive Rechte begründet werden, ist Gegenstand einer Feststellungsklage gemäß § 43 VwGO immer das Bestehen oder Nichtbestehen von subjektiven öffentlichen Rechten.

Eine solche rechtliche Beziehung und damit ein Rechtsverhältnis liegt immer dann vor, wenn ein Rechtssubjekt einem anderen gegenüber verpflichtet bzw. berechtigt ist (dabei genügt bereits eine Verpflichtung oder Berechtigung).

Hinweis

Regelmäßig geht es bei der Feststellungsklage darum, feststellen zu lassen, dass dem Kläger ein bestimmtes Recht oder bestimmte Möglichkeiten zustehen, bzw. dem Beklagten eine bestimmte Verpflichtung obliegt bzw. dass ihm bestimmte Rechte eben gerade nicht zustehen. Diese Rechte oder Möglichkeiten ergeben sich immer aus Rechtsverhältnissen, so dass es im Ergebnis um die Feststellung des Bestehens oder eben des Nichtbestehens des jeweiligen Rechtsverhältnisses geht (aus dem sich der Anspruch oder die Verpflichtung ergibt).

Die Feststellung muss sich auf ein ganz **konkretes Rechtsverhältnis** beziehen.

Nicht als solche feststellungsfähig sind *bloße Tatsachen, die Eigenschaft einer Person oder Sache, die rechtliche Qualifikation von bestimmten Vorgängen und rein abstrakte Rechtsfragen*. In diesen Fällen geht es eben gerade nicht um die Feststellung eines Rechtsverhältnisses.

Bsp.: *Bei der Frage, ob ein bestimmtes Verhalten unter einen unbestimmten Rechtsbegriff subsumiert werden kann oder nicht, geht es nicht um das Bestehen oder Nichtbestehen eines Rechtsverhältnisses.*

Es muss bereits ein bestimmter, überschaubarer Sachverhalt vorliegen, dessen Rechtsfolgen festgestellt werden sollen.

Das sich aus dem Sachverhalt ergebende Rechtsverhältnis oder einzelne daraus resultierende Rechte und Pflichten müssen streitig sein.

Bsp.: *Ein Schwerbehinderter klagt gegen ein öffentlich-rechtliches Verkehrsunternehmen, das sich weigert, ihn unentgeltlich zu befördern.*

Besteht Streit darüber, ob ein Vorhaben (Bau, Gewerbe) genehmigungsbedürftig ist oder nicht, geht es um die Frage ob ein Rechtsverhältnis besteht (nämlich dann, wenn das Vorhaben genehmigungspflichtig ist) oder nicht.

Die Feststellungsklage ist auch immer dann statthaft, wenn es um die Feststellung einer Zugehörigkeit zu einem öffentlich-rechtlichen Verband geht, wie beispielsweise Staatsangehörigkeit oder Gemeindebürgerschaft.

Grundsätzlich muss mit der allgemeinen Feststellungsklage das Bestehen oder Nichtbestehen eines **gegenwärtigen Rechtsverhältnisses** begehrt werden.

Die Feststellung eines **künftigen**, bzw. eines in der Vergangenheit liegenden, **abgeschlossenen Rechtsverhältnisses** ist zulässig, wenn sich daraus *schon bzw. noch konkrete, überschaubare Auswirkungen* ergeben können.

Ein zukünftiges Rechtsverhältnis ist dann gegeben, wenn ein subjektives Recht derzeit noch nicht besteht, sondern vom Eintritt weiterer Umstände abhängt.

Bsp.: *Ein Beamter lässt feststellen, dass seine Ehefrau nach seinem Tod einen Anspruch auf Versorgungsausgleich hat.*

Der Kläger begehrt die Feststellung, dass früher einmal ein Beamtenverhältnis bestand.

Die auf Feststellung eines künftigen Rechtsverhältnisses gerichtete Klage ist von der vorbeugenden Feststellungsklage abzugrenzen.

Bei der vorbeugenden Feststellungsklage handelt es sich um die Feststellung eines gegenwärtigen Rechtsverhältnisses, also eines bereits bestehenden subjektiven Rechts und nicht um die Feststellung eines zukünftigen Rechtsverhältnisses.

Die vorbeugende Feststellungsklage ist auf die Feststellung gerichtet, dass eine staatliche Handlungsberechtigung nicht besteht, bzw. dass ein Anspruch des Bürgers auf Unterlassung rechtswidrigen hoheitlichen Handelns besteht.

Die Feststellungsklage ist grundsätzlich subsidiär. Soweit der Kläger sein Ziel auch mit einer Gestaltungs- oder Leistungsklage verfolgen kann, bzw. hätte verfolgen können, ist die Feststellungsklage deshalb nicht statthaft, vgl. § 43 II S.1 VwGO.

Bsp.: *Begehrt der Kläger von der Verwaltung ein Verwaltungshandeln und ergibt sich der Anspruch aus einem öffentlich-rechtlichen Vertrag, ist die auf die Verpflichtung zur Vornahme dieser Verwaltungshandlung gerichtete allgemeine Leistungsklage statthaft. Eine auf die Feststellung der Wirksamkeit des öffentlich-rechtlichen Vertrages gerichtete allgemeine Feststellungsklage ist hier subsidiär.*

Insbesondere für eine vorbeugende Feststellungsklage bleibt wegen der Subsidiarität wenig Raum, da sich deren Ziel regelmäßig auch mittels einer (vorbeugenden) Unterlassungs- und damit mittels einer Leistungsklage erreichen lässt.

Hinweis

Man kann das Problem der Subsidiarität auch als besondere Zulässigkeitsvoraussetzung der allgemeinen Feststellungsklage dergestalt ansehen, dass diese Klageart wegen ihrer Subsidiarität unzulässig ist, wenn das Klagebegehren auch mit einer Gestaltungs- oder Leistungsklage hätte verfolgt werden können.

Die **Subsidiarität** soll eine *doppelte Inanspruchnahme der Gerichte* und insbesondere auch die *Umgehung von besonderen Sachurteilsvoraussetzungen* (wie z.B. Vorverfahren und Klagefrist) verhindern.

Bsp.: *Mit der Verpflichtungsklage werden Ansprüche verfolgt, die logischerweise Pflichten des Beklagten darstellen. Notwendige Voraussetzung für das Vorliegen des geltend gemachten Anspruches ist, dass zwischen Kläger und Beklagtem ein Rechtsverhältnis besteht, aus dem sich der Anspruch und die Verpflichtung ergibt. Eine auf die Feststellung des Bestehens des Rechtsverhältnisses gerichtete allgemeine Feststellungsklage wäre hier subsidiär. Es würde zum einen die Gefahr bestehen, dass der Kläger nach der Feststellung erneut auf Leistung klagen müsste und zum anderen könnten ansonsten die besonderen Zulässigkeitsvoraussetzungen der Verpflichtungsklage (Vorverfahren und Klagefrist) umgangen werden.*

Hinweis

Die Feststellungsklage ist deshalb selbstverständlich auch dann subsidiär, wenn die an sich statthafte Leistungs- oder Gestaltungsklage am Fehlen von besonderen Zulässigkeitsvoraussetzungen scheitert (zB weil nicht rechtzeitig Widerspruch eingelegt wurde). Das Subsidiaritätserfordernis dient ja gerade dazu, eine Umgehung von besonderen Zulässigkeitsvoraussetzungen zu verhindern.

b) Abgrenzungsprobleme

Bei der Fortsetzungsfeststellungsklage nach § 113 I S. 4 VwGO (analog) handelt es sich um eine **besondere Feststellungsklage** für die Fälle, in denen es um die Feststellung geht, dass ein erlassener **VA** rechtswidrig war oder dass ein Anspruch auf den Erlass des begehrten **VA** bestanden hat.

In diesen Fällen wird also die allgemeine Feststellungsklage von der FFK als speziellere Feststellungsklage verdrängt.

Die FFK nach § 113 I S. 2 VwGO ist allerdings nur dann statthaft, wenn es um VAe geht.

Vgl. hierzu das 2. Kapitel.

Geht es um die Feststellung der Rechtswidrigkeit einer schlicht hoheitlichen Handlung (Realakt), die sich erledigt hat, ist deshalb die allgemeine Feststellungsklage statthaft (das Rechtsverhältnis ist dabei die Berechtigung, gegenüber dem Bürger einen Realakt vornehmen zu dürfen). Eine solche - auf ein vergangenes, sich erledigtes Rechtsverhältnis gerichtete - allgemeine Feststellungsklage ist nur dann zulässig, wenn das Rechtsverhältnis noch in der Gegenwart Wirkungen zeigt (häufig Diskriminierungswirkung).

Ansonsten ergeben sich Abgrenzungsprobleme regelmäßig dann, wenn problematisch ist, ob die Feststellungsklage im konkreten Fall **subsidiär** ist oder nicht.

Entscheidend für die Frage, ob im konkreten Fall Subsidiarität vorliegt oder nicht, ist das **Klageziel**. Subsidiarität liegt nur dann vor, wenn *das konkrete Klageziel* auch mit einer Leistungs- oder Gestaltungsklage verfolgt werden kann oder hätte verfolgt werden können.

Bsp.: *Soll mit der Klage nicht der VA angefochten werden, sondern lediglich festgestellt werden, dass die Behörde aus dem VA dem Kläger gegenüber keine Ansprüche ableiten kann, ist die allgemeine Feststellungsklage statthaft. In Betracht kommt eine solche Klage idR bei Allgemeinverfügungen, wenn Streit darüber besteht, ob der Betroffene zum Adressatenkreis gehört oder nicht.*

Auch wenn sich der Kläger mit dem Einwand, der VA sei durch Erfüllung schon erloschen, gegen die Geltendmachung eines Anspruches aus VA zur Wehr setzt, ist die allgemeine Leistungsklage statthaft. Die Rechtmäßigkeit des VA wird hier ja nicht in Frage gestellt, eine Aufhebung wird nicht begehrt.

Der Behinderte, der festgestellt haben möchte, dass die öffentlichen Verkehrsunternehmen zur unentgeltlichen Beförderung verpflichtet sind, kann diese Feststellung mittels einer Feststellungsklage begehren. Er kann nicht darauf verwiesen werden, er könne sich ja gegen die Zahlungsforderungen zur Wehr setzen.

c) Feststellung der Nichtigkeit eines VA

Gegenstand der allgemeinen Feststellungsklage nach § 43 3. Alt VwGO kann nur die Feststellung der **Nichtigkeit** des VA sein, niemals die Feststellung der Rechtswidrigkeit.

Voraussetzung für die Zulässigkeit einer Klage nach § 43 3. Alt VwGO ist lediglich das *objektive Vorliegen eines VA.*

Zu beachten ist, dass gegen einen nichtigen VA auch die Anfechtungsklage statthaft ist. Zwar kann ein nichtiger VA nicht aufgehoben werden, es ist dem Kläger aber nicht zumutbar, die häufig schwere Abgrenzung zwischen „bloß rechtswidrigem" und nichtigem VA zu treffen.

Hinweis

In der Praxis wird die erhobene Anfechtungsklage in eine Nichtigkeitsfeststellungsklage umgestellt, wenn sich herausstellt, dass der VA nicht nur rechtswidrig, sondern sogar nichtig ist.

Ansonsten ist noch zu beachten, dass die Subsidiarität der Feststellungsklage für die Nichtigkeitsfeststellungsklage *nicht* gilt, vgl. § 43 II S. 2 VwGO.

2) Die besonderen Zulässigkeitsvoraussetzungen der allgemeinen Feststellungsklage

a) Die Klagebefugnis

Auch bei der allgemeinen Feststellungsklage ist nach § 42 II VwGO *analog* die **Möglichkeit der Verletzung eines subjektiven Rechts** erforderlich. Grund ist auch hier das Erfordernis, eine Popularfeststellungsklage zu verhindern. Der Kläger muss eine eigene Rechtsverletzung geltend machen, *weil er selbst Beteiligter des Rechtsverhältnisse ist oder weil von dem Rechtsverhältnis eigene Rechte abhängen.*

Vgl. hierzu VerwR 1, 3. Kapitel I 2.

Hinweis

Ein Teil der Literatur vertritt die Auffassung, dass § 42 II VwGO mangels Vorliegens einer Regelungslücke nicht analog anwendbar ist. Vielmehr verlange § 43 ausdrücklich nur ein „berechtigtes Interesse". Auch setze § 42 II VwGO die Geltendmachung einer Rechtsverletzung voraus, streitgegenständlich sei aber nur die Feststellung eines Rechtsverhältnisses.

In der **Klausur** kann dieser Streit aber idR offen gelassen werden, da eine Klagebefugnis in den allermeisten Fällen bejaht werden kann.

b) Das Feststellungsinteresse

Die allgemeine Feststellungsklage setzt ebenso wie die Fortsetzungsfeststellungsklage ein **berechtigtes Feststellungsinteresse** voraus.

In Betracht kommt hier *jedes schutzwürdige Interesse rechtlicher, wirtschaftlicher oder auch ideeller Art.*

Namentlich sind das insbesondere Wiederholungsgefahr, Rehabilitationsinteresse, erhebliche Grundrechtsverletzung und die Vorbereitung eines Amtshaftungsprozesses.

Vgl. hierzu das 2. Kapitel I 2c.

Bei der *vorbeugenden* Feststellungsklage und bei der *auf die Feststellung eines künftigen Rechtsverhältnisses gerichteten* Feststellungsklage ist ein **qualifiziertes Feststellungsinteresse** erforderlich. Ein solches liegt vor, wenn das Abwarten einer Maßnahme für den Kläger mit *Nachteilen verbunden wäre, die ihm nicht zugemutet werden können.*

3) Weitere Zulässigkeitsvoraussetzungen

Ein **Widerspruchsverfahren** ist mit Ausnahme der beamtenrechtlichen Streitigkeiten (vgl. § 126 III BRRG) *nicht* erforderlich. Auch gibt es *keine* **Klagefrist**.

Ansonsten müssen wie bei allen Klagen die **allgemeinen Zulässigkeitsvoraussetzungen** (Zuständigkeit des angerufenen Gerichts, ordnungsgemäße Klageerhebung, Beteiligten- und Prozessfähigkeit, Klagegegner, fehlende anderweitige Rechtskraft oder Rechtshängigkeit und allgemeines Rechtsschutzbedürfnis) vorliegen.

Vgl. die Ausführungen in VerwR 1, 3. Kapitel I 5.

In Betracht kommt hier die Verneinung des **allgemeinen Rechtsschutzbedürfnisses** insbesondere wegen **Verwirkung**, wenn der Kläger so *spät Klage erhebt*, dass der Beklagte *nicht mehr damit zu rechnen brauchte.*

Bei der Nichtigkeitsfeststellungsklage ist nach richtiger Ansicht erforderlich, dass der Kläger zunächst einen Antrag auf Feststellung der Nichtigkeit nach § 44 V VwVfG gestellt hat.

Hinweis

Hier besteht die gleiche Problematik wie bei der Verpflichtungsklage: Ob man das Antragserfordernis als eigenständige Zulässigkeitsvoraussetzung betrachtet oder ob es in diesem Fall am Rechtsschutzbedürfnis fehlt, kann letztlich offen gelassen werden. Soweit man einen Antrag nach § 44 V VwVfG überhaupt für erforderlich hält, liegt es aber näher, bei Fehlen des Antrags das allgemeine Rechtsschutzbedürfnis zu verneinen. Denn das Rechtsschutzbedürfnis fehlt dann, wenn der Kläger den angestrebten Erfolg auf einfachere Art und Weise erreichen kann. Genau mit dieser Begründung wird aber eine Antragsstellung für erforderlich gehalten.

II. Die Begründetheit der allgemeinen Feststellungsklage

Die auf die Feststellung eines Rechtsverhältnisses gerichtete Feststellungsklage ist begründet, wenn das Rechtsverhältnis besteht, die auf die Feststellung des Nichtbestehens eines Rechtsverhältnisses, wenn das Rechtsverhältnis nicht besteht.

Die auf die Feststellung der Nichtigkeit eines VA gerichtete Feststellungsklage ist begründet, wenn der VA nichtig ist.

1) Die Passivlegitimation

Bei der positiven Feststellungsklage ist der richtige Beklagte regelmäßig derjenige, der im Falle des Vorliegens des Rechtsverhältnisses aus diesem verpflichtet ist.

Bei der negativen Feststellungsklage ist der richtige Beklagte regelmäßig derjenige, der im Falle des Vorliegens des Rechtsverhältnisses aus diesem berechtigt ist.

Die Passivlegitimation ergibt sich also idR aus dem Rechtsverhältnis: Passivlegitimiert ist die andere Person des Rechtsverhältnisses (bzw. bei Klagen eines Dritten, diejenige, die dem Dritten gegenüber verpflichtet ist).

Bei der Nichtigkeitsfeststellungsklage ist der richtige Beklagte der Rechtsträger der Behörde, die den VA erlassen hat.

2) Die positive oder negative Feststellungsklage

Die positive Feststellungsklage ist begründet, wenn das Rechtsverhältnis besteht, die negative, wenn das Rechtsverhältnis nicht besteht.

Eine **subjektive Rechtsverletzung** ist *nicht zu prüfen.*

Zur Klärung der Frage, ob das jeweilige Rechtsverhältnis besteht oder nicht, ist zunächst zu prüfen, *woraus sich das in Betracht kommende Rechtsverhältnis begründet.* In Betracht kommen hier Rechtsnormen, VA, öffentlich-rechtliche Verträge oder sonstiges öffentlich-rechtliches Verhalten.

Bsp.: *Geht es um die Klärung, ob ein beabsichtigtes Vorhaben einer Genehmigung bedarf oder nicht, wird das Rechtsverhältnis durch die die Genehmigung regelnden Vorschriften begründet (oder eben nicht).*

Geht es um die Feststellung der Wirksamkeit eines öffentlich-rechtlichen Vertrages, wird das Rechtsverhältnis durch diesen Vertrag begründet (oder eben nicht).

Geht es um die Feststellung, dass ein bestimmter Anspruch besteht oder nicht, wird das Rechtsverhältnis aus der Anspruchsgrundlage begründet. Der Anspruch wiederum kann sich aus einer Rechtsnorm, aus VA, aus Vertrag oder auch aus einem Realakt ergeben (in diesen Fällen ist ganz besonders auf die Subsidiarität zu achten).

Sodann ist entweder zu prüfen,

- ob die „Grundlage", durch die das Rechtsverhältnis begründet wird, wirksam ist oder aber
- ob sich aus der „Grundlage" im konkreten Fall ein Rechtsverhältnis gerade zwischen Kläger und Beklagtem ergibt oder nicht. Dazu muss der konkrete Sachverhalt unter die das Rechtsverhältnis begründende Rechtsnorm subsumiert werden.

Bsp.: *Ist der öffentlich-rechtliche Vertrag, der das Rechtsverhältnis begründen soll, unwirksam, besteht das Rechtsverhältnis nicht.*

Ist der VA, der das Rechtsverhältnis begründen soll, gar nicht wirksam bekanntgegeben worden, besteht das Rechtsverhältnis nicht.

Ist die Rechtsnorm, die das Rechtsverhältnis begründen soll, nichtig, besteht das Rechtsverhältnis nicht.

Handelt es sich bei dem beabsichtigten Vorhaben gar nicht um ein genehmigungspflichtiges Vorhaben iSd Vorschrift, besteht das Rechtsverhältnis nicht.

Gehört der Kläger gar nicht zum Adressatenkreis einer Allgemeinverfügung, besteht das Rechtsverhältnis nicht.

3) Die Nichtigkeitsfeststellungsklage

Die Nichtigkeitsfeststellungsklage ist begründet, wenn der VA nach speziellen Nichtigkeitsvorschriften (z.B. § 11 BeamtStG) oder nach § 44 VwVfG nichtig ist. Im Falle einer „bloßen Rechtswidrigkeit“ ist eine auf Feststellung der Nichtigkeit gerichtete Klage unbegründet.

Auch hier ist eine subjektive Rechtsverletzung des Klägers nicht zu prüfen.

Bzgl. der Prüfung von § 44 VwVfG vgl. Exkurs in VerwR 1, 3. Kapitel II 2.

Hinweis Die allgemeine Nichtigkeitsfeststellungsklage spielt vor allem im Kommunalrecht beim sog. Kommunalverfassungsstreit eine Rolle.

Fall 7

Der Bund erlässt ein Gesetz, das die Produktion bestimmter umweltschädlicher Stoffe mit einer Sonderabgabe belegt, durch welche die Produktion unrentabel wird. Die für den Vollzug des Gesetzes zuständige Behörde ist der Auffassung, der von Produzent P produzierte Stoff S sei ein umweltschädlicher Stoff iSd neuen Gesetzes. P bestreitet das.

Bevor P diesen Stoff weiterproduziert, möchte er gerichtlich klären, dass er im Falle der Weiterproduktion des Stoffes S nicht sonderabgabenpflichtig wird.

Wäre eine Klage zulässig?

Lösungsvorschlag

1. Rechtswegeröffnung

Die Eröffnung des Verwaltungsrechtsweges nach § 40 I VwGO setzt voraus, dass es sich um eine öffentlich-rechtliche Streitigkeit handelt. Das ist dann der Fall, wenn die streitentscheidenden Normen dem öffentlichen Recht zuzuordnen sind.

Das neue Gesetz (und damit die streitentscheidenden Normen) regelt die Verpflichtung des Bürgers zur Zahlung von Sonderabgaben und beinhaltet damit Ansprüche des Staates gegen den Bürger. Es berechtigt damit einseitig einen Träger hoheitlicher Gewalt (nämlich zur Erhebung von Sonderabgaben) und ist deshalb dem öffentlichen Recht zuzuordnen.

Eine öffentlich-rechtliche Streitigkeit liegt vor. Diese ist auch nichtverfassungsrechtlicher Art und eine Sonderzuweisung ist nicht ersichtlich. Der Verwaltungsrechtsweg ist damit nach § 40 I VwGO eröffnet.

2. Klageart

Da ein Sonderabgabenbescheid nicht erlassen werden kann, solange P den Stoff nicht produziert, kommt jedenfalls im jetzigen Zeitpunkt eine Anfechtungsklage gegen einen solchen Bescheid noch nicht in Betracht.

Bei der Frage, ob es sich bei dem von P produzierten Stoff um einen sonderabgabepflichtigen Stoff iSd neuen Gesetzes handelt, geht es entweder um die Auslegung von Rechtsbegriffen oder um eine Tatsachenfeststellung, nicht aber um die Feststellung des Bestehens oder Nichtbestehens eines Rechtsverhältnisses. Eine darauf gerichtete Feststellungsklage wäre daher unstatthaft.

Soweit es jedoch um die Frage geht, ob P im Falle der weiteren Produktion des Stoffes sonderabgabepflichtig ist oder nicht, setzt diese Abgabenpflicht das Vorliegen eines Rechtsverhältnisses zwischen P und dem Bund als Abgabengläubiger voraus. Folglich geht es insoweit um die Feststellung des Bestehens oder Nichtbestehens eines Rechtsverhältnisses iSd § 43 VwGO.

In Betracht kommt damit eine (negative) allgemeine Feststellungsklage nach § 43 I VwGO mit dem Antrag, festzustellen, dass der Bund auch bei Weiterproduktion durch P keinen Anspruch gegen ihn auf eine Sonderabgabe hat.

Da zum Zeitpunkt der Klage der Stoff von P noch nicht produziert wird, die Produktion aber Voraussetzung für das möglicherweise dadurch nach dem neuen Gesetz entstehenden Rechtsverhältnis ist, ist die Feststellungsklage auf die Feststellung eines *künftigen* Rechtsverhältnisses, bzw. genauer auf die Feststellung des *künftigen Nichtbestehens eines Rechtsverhältnisses* gerichtet.

Die auf ein künftiges Rechtsverhältnis gerichtete Feststellungsklage setzt als qualifiziertes Feststellungsinteresse voraus, dass ein Abwarten nicht zumutbar ist. Die Produktion wäre für den Fall, dass P dann zur Zahlung der Sonderabgabe verpflichtet wäre, nicht rentabel. Angesichts dieses Risikos, ist es dem P nicht zuzumuten, zunächst seine Produktion fortzusetzen und einen Abgabenbescheid abzuwarten.

Da hier eine Anfechtungsklage noch nicht in Betracht kommt (vgl. oben), steht auch die *Subsidiarität* der allgemeinen Feststellungsklage nicht entgegen.

Die negative Feststellungsklage nach § 43 I VwGO ist damit statthaft.

3. Sonstige Zulässigkeitsvoraussetzungen

Im Übrigen hat P ein *berechtigtes Interesse an der Feststellung* wirtschaftlicher Art: Denn hier ist die Feststellung entscheidend dafür, ob P diesen Stoff weiterhin produzieren wird oder nicht.

Der P ist als möglicher Abgabenschuldner des bestrittenen Rechtsverhältnisses *klagebefugt* nach § 42 II VwGO analog.

Eine negative Feststellungsklage ist damit zulässig.

Wiederholungsfragen zum 4. Kapitel

1. Wann ist die Feststellungsklage statthafte Klageart?	Die Feststellungsklage nach § 43 VwGO ist statthaft, wenn der Kläger die Feststellung des Bestehens oder Nichtbestehens eines Rechtsverhältnisses oder der Nichtigkeit eines VA begehrt.
2. Was versteht man unter einem Rechtsverhältnis?	Darunter versteht man eine rechtliche Beziehung zwischen zwei Rechtssubjekten. Dabei setzt die rechtliche Beziehung einen konkreten Sachverhalt voraus, der sich aus einer öffentlichrechtlichen Regelung ergibt. Die Beziehung besteht zwischen zwei Personen oder zwischen einer Person und einer Sache.
3. Wodurch kann ein solches Rechtsverhältnis begründet (aufgehoben, geändert) werden?	Durch Gesetz, VA, öffentlich-rechtlichen Vertrag oder durch ein sonstiges öffentlich-rechtliches Verhalten.
4. Was ist der Unterschied zwischen der Feststellung eines künftigen Rechtsverhältnisses und zwischen der vorbeugenden Feststellungsklage?	Bei der vorbeugenden Feststellungsklage geht es um die Feststellung eines gegenwärtigen Rechtsverhältnisses, also eines bereits bestehenden subjektiven Rechts.
5. Wann ist eine Feststellungsklage nur statthaft?	Wegen ihrer Subsidiarität ist eine Feststellungsklage nur dann statthaft, wenn der Kläger sein Ziel nicht mit einer anderen (Gestaltungs- oder Leistungs-) Klage verfolgen kann.
6. Welche besonderen Zulässigkeitsvoraussetzungen hat die allgemeine Feststellungsklage?	Klagebefugnis und berechtigtes Feststellungsinteresse. Darüber hinaus kann auch noch die Subsidiarität als besondere Zulässigkeitsvoraussetzung angesehen werden.

Anhang

I. Prüfungsschema: Zulässigkeitsprüfung

I. Eröffnung des Verwaltungsrechtsweges

- entweder durch aufdrängende Sonderzuweisung (z. B. § 126 BRRG)

oder

- gemäß der Generalklausel des § 40 I VwGO
  - öffentlich-rechtliche Streitigkeit
  - nichtverfassungsrechtlicher Art
  - keine abdrängende Sonderzuweisung

II. Statthafte Klageart

- Anfechtungsklage, § 42 I VwGO
  wenn Klage auf Aufhebung eines VA gerichtet ist, der sich noch nicht erledigt hat;
- Verpflichtungsklage, § 42 I VwGO
  wenn Klage auf den Erlass eines VA gerichtet ist;
- Allgemeine Leistungsklage, § 43 II VwGO
  wenn Klage auf ein sonstiges Tun, Dulden oder Unterlassen gerichtet ist;
- Fortsetzungsfeststellungsklage (FFK), § 113 I S.4 VwGO (analog)
  wenn Klage auf Feststellung der Rechtswidrigkeit eines erledigten VA oder auf Feststellung der Rechtswidrigkeit des Unterlassens des Erlasses eines begehrten VA gerichtet ist;
- Allgemeine Feststellungsklage, § 43 VwGO
  wenn Klage auf Feststellung des Bestehens oder Nichtbestehens eines Rechtsverhältnisses oder auf Feststellung der Nichtigkeit eines VA gerichtet ist;
- Normenkontrollverfahren, § 47 VwGO
  wenn Klage gegen eine Rechtsnorm gerichtet ist

III. Klagebefugnis, § 42 II VwGO (analog)
Möglichkeit der Verletzung eines subjektiven Rechts

IV. Widerspruchsverfahren, § 68 ff VwGO *nicht erforderlich bei*

- der FFK, wenn Erledigung des VA vor Ablauf der Widerspruchsfrist
- der allgemeinen Leistungsklage
- der allgemeinen Feststellungsklage

- Widerspruch nicht ausnahmsweise entbehrlich
- Widerspruch formell ordnungsgemäß
- Widerspruch fristgemäß

V. Klagefrist, § 74 VwGO (analog) *nicht erforderlich bei*

- der allgemeinen Leistungsklage
- der allgemeinen Feststellungsklage

VI. Besonderes Feststellungsinteresse *nur bei*

- der Fortsetzungsfeststellungsklage
- der allgemeinen Feststellungsklage

Vorliegen eines berechtigten Interesses an der Feststellung der Rechtswidrigkeit

- Wiederholungsgefahr
- Rehabilitationsinteresse
- Vorbereitung eines Amtshaftungsprozesses
- Erheblicher Grundrechtseingriff

VII. Allgemeine Zulässigkeitsvoraussetzungen

1. Zuständigkeit des angerufenen Gerichts, §§ 45, 52 VwGO
2. Ordnungsgemäße Klageerhebung, §§ 81, 82 VwGO
3. Beteiligten- und Prozeßfähigkeit, §§ 61, 62 VwGO
4. Klagegegner, § 78 VwGO
5. Fehlende anderweitige Rechtskraft oder Rechtshängigkeit
6. Allgemeines (besonderes) Rechtsschutzbedürfnis

II. Prüfungsschema: Begründetheitsprüfung bei der Verpflichtungsklage

I. Passivlegitimation

Wahl des richtigen Anspruchsgegners (Rechtsträger der für den Erlass des VA zuständigen Stelle)

II. Anspruchsgrundlage

- Auffinden der Anspruchsgrundlage
- Ausnahmsweise Entbehrlichkeit einer Anspruchsgrundlage

III. Rechtswidrigkeit der Ablehnung des VA

- Anspruch auf Erlass des begehrten VA
- Anspruch auf ermessensfehlerfreie Entscheidung

IV. Subjektive Rechtsverletzung des Klägers

III. Prüfungsschema: Begründetheitsprüfung bei der allgemeinen Leistungsklage

I. Passivlegitimation

Wahl des richtigen Anspruchsgegners (Rechtsträger der für die Maßnahme zuständigen Stelle)

II. Anspruchsgrundlage

Auffinden der Anspruchsgrundlage
- Rechtsnorm
- VA
- öffentlich-rechtlicher Vertrag
- öffentlich-rechtliche Zusicherung
- Abwehr- und Unterlassungsanspruch
- Folgenbeseitigungsanspruch

III. Rechtswidrigkeit der Ablehnung des begehrten Tuns, Duldens oder Unterlassens

- Wirksamkeit der Anspruchsgrundlage
- Vorliegen der Voraussetzungen der Anspruchsgrundlage

IV. Subjektive Rechtsverletzung des Klägers

IV. Prüfungsschema: Begründetheitsprüfung bei der allgemeinen Feststellungsklage

I. Passivlegitimation

Wahl des richtigen Anspruchsgegners (Rechtsträger der aus dem Rechtsverhältnis verpflichteten Stelle)

II. Bestehen oder nicht Bestehen des Rechtsverhältnisses

Stichwortverzeichnis

Außerdem erschienen im Richter Verlag

Die Reihe **25 FÄLLE**

- Band 1 - BGB AT
- Band 2 - Schuldrecht
- Band 3 - Sachenrecht
- Band 4 - Verwaltungsrecht
- Band 5 - Strafrecht AT
- Band 6 – Strafrecht BT
- Band 7 – Staatsorganisationsrecht
- Band 8 – Grundrechte

Die Reihe ***STREITSTÄNDE Kompakt***

- Band 1- Strafrecht AT
- Band 2 - Strafrecht BT
- Band 3 - BGB AT / Schuldrecht AT
- Band 4 - Schuldrecht BT
- Band 5 - Sachenrecht
- Band 6 - Verwaltungsrecht
- Band 7 - Staatsorganisationsrecht

sowie

60 GRUNDFÄLLE zum SCHULDRECHT

WIRTSCHAFTSWISSENSCHAFTLICHE GRUNDKURSE

- Makroökonomik
- Mikroökonomik
- Buchführung
- Finanzierung
- Kostenrechnung
  - Übungsbuch Kostenrechnung
  - Übungsbuch Makroökonomik
  - Übungsbuch Mikroökonomik